교실과 문화

동아시아 과학 교실문화의 이해

Classroom and Culture

Understanding the Science Classroom Culture of East Asia

송진웅 · 정용재 · 마틴산야
나지연 · 장진아 · 강다연 공저

북스힐

들어가는 말

교실은 교육이 일상적으로 이루어지는 곳일 뿐 아니라 교수학습 활동을 위한 최적의 장소로 설계된 곳이다. 때문에 교실은 학교교육의 중심이며, 교사와 학생 사이의 유의미한 만남이 끊임없이 일어나야 하는 곳이다. 교육이 국가와 사회 속에서 제도화된 이래로 교실을 통한 교육은 한 순간의 단절도 없이 지속적으로 이루어지고 있는, 인류의 보편적인 현상이다. 각 개인은 학생의 자격으로 최소한 5-6년, 많게는 15년 이상을 교실에서 성장하고, 이들을 가르치는 교사는 거의 일생을 교실에서 지내게 된다.

하지만 우리는 교실에서 실제로 어떤 일이 벌어지고 있는지 잘 알지 못한다. 교실에서 교사와 학생의 대화나 토론이 얼마나 일어나는지, 학생들은 교실 담화에 얼마나 또 어떻게 참여하는지 모른다. 흔히들 '교실붕괴'라는 말을 하는데, 우리나라 학생들의 수업 참여도는 다른 나라에 비해 얼마나 심각한지, 또 우리나라에서는 교사가 수업을 주도하는 것이 일반적인데 그렇게 된 원인은 무엇이며, 그렇게 하는 게 꼭 나쁜 것인지, 또한 교사와 학생들이 공동체를 형성하면서 의미 있게 학습하고 탐구하는 효과적인 방법은 무엇인지 잘 알지 못한다.

TIMSS 및 PISA 등의 국제비교연구에 의하면, 동아시아 지역의 많은 국가들이 '높은 성취도와 낮은 정의적 태도'라는 소위 "동아시아의 불균형(East Asian disparity)"(Song, 2013) 현상을 공통적으로 경험하고 있다. 그 중에서도 한국과 일본은 그러한 불균형이 세계에서 가장 심한 국가들이다. 우리나라의 학생들은 거의 모든 국제비교학력평가에서 매우 우수한 성적을 받고 있지만, 그들의 (과학 및 수학 등) 교과 학습에 대한 자신감과 즐거움 그리고 동기유발은 세계 최저 수준이다. 이러한 상황에서 학생들은, 입시제도와 교육과정에 의해 어쩔 수 없이 공부해야 하는 시기를 지나기만 하면 해당 교과를 절대로 다시 공부하려 하지 않는다. 어찌 보면 너무도 자연스러운 현상이다. 하지만 4차 산업혁명의 시대가 도래하고 또 초고령 사회로 진입하면서, 우리 사회는 중등학교 졸업 이후에도 지속적인 과학기술적 지식과 이해의 습득이 필수불가결하게 되었다.

문제는, 우리가 이러한 교육 현안을 해결하기 위한 준비가 전혀 되어 있지 않다는 것이다. 학교 교육이 의무화되고 서구의 수많은 교수학습 이론들이 도입된 지 70년이 지났지만, 그동안 우리의 교실은 본질적으로 변화되지 않았다. 생활중심 과학교육, 진보주의 과학교육, 탐구중심 과학교육, 과학기술사회(STS) 과학교육, 구성주의 과학교육, 논증기반 과학교육, 창의융합(STEAM)형 과학교육 등, 그동안 반복적으로 도입되었던 수많은 과학 교수학습 이론들이 있었고 또 그 이론들은 하나같이 학생들의 적극적인 참여를 출발점으로 삼고 있었지만, 우리 학생들의 '교실침묵(classroom silence)'과 '낮은 수업참여(lesson participation)' 현상은 하나도 변한 것이 없다. 그렇다면 '동아시아의 불균형,' '교실침묵,' '낮은 수업참여' 등의 현상들은 왜 그렇게 변화되기 어려운가? 그리고 정말 바꿀 수는 있는 것인가? 동아시아 학생들은 교실침묵 그리고 낮은 수업참여에도 어떻게 그렇게 높은 성취도를 보이는가? 동아시아 학생들은 서구 학생들과는 다른 방식으로 수업참여를 하고 있는 것이 아닐까? 무엇보다도, 도대체 교실에서 어떤 일들이 벌어지는지 우리가 알고 있기는 한 것일까?

이러한 문제의식이 바탕이 되어, 본인을 비롯한 일부 과학교육 및 수학교육 전공자들은 연구팀을 구성하여 한국연구재단(NRF)의 사회과학연구(SSK) 소형 사업 일환으로 '동아시아 과학수학교실 문화(ECCO-SM: East Asian Classroom Culture of Science & Mathematics)' 프로젝트를 2013-2016년 사이에 진행하였다. 우리나라와 동아시아의 과학 및 수학 교실을 문화적 접근을 통해서 분석함으로써 동아시아의 교실문화를 보다 체계적이고 분석적으로 이해하고, 또 이를 통해 동아시아의 문화적 특성에 어울리는 (과학 및 수학) 교수학습 방안과 이론을 탐색해 보자는 것이 그 기본 목표였다. 또한 소형 단계에 이어 SSK 중형 단계로서 2016년 이후 진행되고 있는 GCER(Glocal Changes and Educational Responses) 프로젝트에서도 동아시아의 과학 (및 수학) 교실문화에 대한 연구가 계속 진행되고 있다. 본 책자는 이렇게 ECCO-SM 및 GCER 프로젝트를 통해 이루어진 일부 연구 결과들을 바탕으로 구성된 것이다. 뿐 만 아니라 본 책자는 서울대학교 BK21플러스 사업의 '더불어' 과학교육사업단(ToSEF)과의 협업과 지원을 통해 결실을 맺게 되었음을 밝혀둔다.

특히, 본 책자는 동아시아 교실문화를 이해하기 위한 객관적인 방법론적 측면에 초점을 맞춘 것으로서, 과학 교실문화의 다양한 측면을 체계적이고 분석적으로 관찰하기 위한 측정도구들을 소개하고, 그 개발과정 및 적용결과들을 중심으로 교육적 시사점을 논의하고 있다. 각 장의 핵심 내용은 다음과 같이 요약될 수 있겠다.

제1장 동아시아 과학교육의 특징과 문화적 접근의 필요성

도입 성격의 단원으로서, 동아시아 과학 교실문화의 중요성과 연구의 필요성을 설명하고 있다. 먼저, 최근 동아시아의 교육에 대한 국제적 관심이 왜 증가되고 있으며, 국제비교연구 등에서 나타나는 동아시아 국가들의 모습은 어떠한지를 개관한다. 둘째, 동아시아 과학교육의 특징으로서 '높은 성취도 vs 낮은 태도', '교실침묵과 수업참여 유형', '교사 중심의 교실활동' 등의 문제에 대한 최근의 연구결과들을 소개하고 각각의 의미를 해석하였다. 셋째, 동아시아의 교실문화를 이해하기 위해서는 그것이 속해 있는 동아시아의 문화적 배경에 대한 이해가 필요함을 동서양 문화의 비교를 통해 설명하였다. 마지막으로, 과학 교실문화를 문화적 관점에서 이해하는 것의 필요성과 중요성에 대해 설명하였다.

제2장 실행공동체 관점에서 동아시아 과학교실 들여다보기

실행공동체에서는 학습을 '사회적 참여과정에서 개인과 집단이 함께 소통하며 경험을 축적하는 것'이라고 본다. 이 장에서는 이러한 실행공동체의 관점에서, 교사와 학생으로 구성된 공동체의 학습과 발달 과정에 대해 살펴보았다. 이를 위해 실행공동체(CoP) 이론 및 관련 교육 연구들을 개관하고, CoP 이론의 관점에서 과학 교실문화를 진단하기 위해 본 연구진에 의해 개발된 과학 교실문화 분석 도구인 SCaCoP(Science Classroom as a Community of Practice)의 개발 과정 및 특징을 설명하였다.

제3장 탐구공동체 관점에서 본 과학교실의 의미와 특징

이 장에서는 과학교실이 가져야 할 의미와 특징으로 기대되는 한 가지 모습으로 탐구공동체에 대해 논의하였다. 여기에서 '과학교실 탐구공동체'(Community of Inquiry in Science Classroom: CoI-SC)는 "자연 현상이나 사물과 관련하여 진정한 의심의 상태를 믿음의 상태로 바꾸는 것을 목적으로, 참여자로서 목적을 공유한 구성원들이 실제적 효과에 대한 관찰과 오류가능성을 견지하면서 자유로운 의사소통을 통해 최선의 설명과 해결책에 이르고자 끊임없이 노력하는 교실 공동체"로 정의된다. 이 장에서는 학생 인식 조사를 통해 한국의 초등학교 과학교실의 모습을 과학교실 탐구공동체의 관점에서 분석하고, 특히 동아시아라는 사회문화적 맥락에서 과학교실 탐구공동체가 지니는 의미를 논의하였다.

제4장 학습환경 도구를 활용한 초·중등 과학교실의 문화적 특징 비교

이 장에서는 동아시아 과학교육에서 나타나는 성취와 흥미 간의 불균형 현상이 초등학교에서 중·고등학교로 갈수록 심해진다는 점에 주목하여, 한국의 초등학교와 중·고등학교 과학 교실환경의 모습을 비교하였다. 특히 이러한 현상이 동아시아 지역에서 공통적으로 나타난다는 점에 착안하여, 문화적 관점에서 과학교실 현상을 해석하였다. 대표적인 과학교실 학습환경 도구인 WIHIC과 CLEQ를 활용하여 두 학교급의 과학교실에서 나타나는 모습을, 네 가지 문화적 특징(집단과 개인 간의 관계, 형평성 문제, 교사와 학생과의 관계, 과학 교수학습 활동이 갖는 특징)을 중심으로 비교, 분석하였다. 또한 이러한 결과들이 한국의 학교 과학 문화를 이해하고, 학생과 과학교실의 문화적 특성을 고려한 수업을 설계함에 있어서 주는 교육적 시사점에 대하여 논의하였다.

제5장 사회문화적 관점에서 본 동아시아 과학교실의 참여 특징

이 장에서는 동아시아 문화권 학생들의 교실침묵 현상을 사회문화적 맥락과 연결하여 살펴보았다. 이를 위하여 교실침묵을 학생들이 목적을 가지고 수행하는 하나의 '활동'으로 인식한 Schultz(2009)와 Hao(2011) 등의 관점을 토대로, 동아시아 문화권의 과학교실 내에서의 참여 양상을 해석하였다. 동아시아의 연구자들에 의해 독자적으로 개발된 두 가지 설문조사 도구(EPIC, EPIC-S)와 이를 이용하여 수행된 연구들을 간략히 살펴보고, 동아시아 문화권에서 나타나는 독특한 참여 양상에 대해 새로운 시각이 필요함을 역설하였다. 최종적으로 William Sewell의 구조 | 행위성 이론(1992; 1999)을 통해 동아시아 문화권의 교실침묵 현상이 발생하는 사회문화적 원인에 대해 논의하였다.

대표 저자
송 진 웅

저자소개

송진웅 현재 서울대학교 물리교육과 교수이며, 한국과학교육학회 회장 및 SSK 글로컬 사회변동과 교육적 대응 사업단(GCER) 단장을 맡고 있다. 동아시아과학교육학회(EASE) 회장, BK21+ 미래사회를 선도하는 더불어 과학육사업단(ToSEF) 단장, Asia Pacific Science Education 편집위원장 등을 역임했다. 서울대학교에서 물리교육 및 과학교육으로 학사 및 석사 학위를 마쳤으며, King's College London에서 과학교육학 분야로 박사 학위를 취득했다. 과학교육학의 역사와 철학, 과학 교육과정 및 교과서, 과학교육 국제비교, 비형식 과학교육, 과학적 소양, 중등 물리교육 등이 주된 연구 관심 분야이다.

정용재 현재 공주교육대학교 과학교육과 교수이며, 한국과학교육학회 기획이사 및 SSK 글로컬 사회변동과 교육적 대응 사업단의 공동연구원으로 활동하고 있다. 서울교육대학교에서 초등교육으로 학사 학위를 마쳤으며, 서울대학교에서 과학교육(물리전공)으로 석사, 박사 학위를 취득했다. 공동체적 접근의 과학교육, 탐구공동체, 가설설정과 귀추법, 초등 물리교육 및 교사교육 등이 주된 연구 관심 분야이다.

마틴산야 현재 서울대학교 과학교육과 교수이며, Asia Pacific Science Education 학술지의 공동편집자로 활동하고 있다. Bryn Mawr College에서 생물학으로 학사 학위를 마쳤으며, 미국 Pennsylvania 대학에서 초등교육, 화학교육 석사 학위를, Curtin 대학에서 과학교육 박사 학위를 취득했다. 주된 연구 관심 분야는 특수교육 대상자, 다문화 학생들을 위한 과학교육을 실현하고 이를 위한 과학교사를 양성하는 데에 있다.

나지연 현재 춘천교육대학교 과학교육과 교수이며, 동대학 과학교육연구소 소장, 한국과학교육학회 행정이사 및 SSK 글로컬 사회변동과 교육적 대응 사업단의 공동연구원을 맡고 있다. 초등교사와 서울대학교 교육종합연구원 소속 연구원 직을 수행하였다. 춘천교육대학교에서 학사와 석사 학위를 마치고, 서울대학교에서 과학교육학 석박통합 박사학위를 취득했다. 초등 물리교육, 초등학생의 과학적 의사소통, 스마트 테크놀로지 활용 과학교육, 과학 교육과정, 놀이를 통한 과학교육 등이 주된 연구 관심 분야이다.

장진아 초등학교 교사이며, 현재 서울대학교 교육종합연구원의 SSK 글로컬 사회변동과 교육적 대응 사업단(GCER) 연구원으로 활동하고 있다. 서울교육대학교에서 초등교육(과학교육 전공)으로 학사 및 석사 학위를 마치고, 서울대학교에서 과학교육(물리전공)으로 박사학위를 취득했다. 주된 연구 분야는 초등 물리교육, 학교 과학탐구와 학습의 사회문화적 맥락, 스마트 테크놀로지를 활용한 탐구, 디지털교과서 등이다.

강다연 현재 서울대학교 과학교육과 박사과정생이며, 동 대학의 지구과학교육 및 과학교육으로 학사 및 석사 학위를 취득했다. 대학원 재학 동안 SSK 글로컬 사회변동과 교육적 대응 사업단(GCER)의 연구보조원이자 Asia Pacific Science Education 학술지의 편집 조교로 활동하고 있다. 과학교육학에 대한 사회문화적 접근을 기반으로 소외된 학습자 및 교실 내 상호작용, 비교문화연구 등이 주된 연구 관심 분야이다.

차 례

CHAPTER 1

동아시아 과학교육의 특징과 문화적 접근의 필요성

CHAPTER 2

실행공동체 관점에서 동아시아 과학교실 들여다보기

CHAPTER 3

탐구공동체 관점에서 본 과학교실의 의미와 특징

CHAPTER 4

학습환경 도구를 활용한 초·중등 과학교실의 문화적 특징 비교

CHAPTER 5

사회문화적 관점에서 본 동아시아 과학교실의 참여 특징

CHAPTER 01

동아시아 과학교육의 특징과 문화적 접근의 필요성

송진웅(서울대학교)
나지연(춘천교육대학교)

● 최근 교육 분야에서는 동아시아 지역에 대한 국제적 관심이 크게 증가하고 있다. 특히 과학교육 분야에 대한 관심이 큰데, 이는 국제 성취도 비교 평가 등에서 이 지역 학생들이 높은 성취도를 나타내 보이고 있기 때문이다. 이것은 교육이나 학교, 교사를 존중하는 이 지역의 오랜 가치와 전통에 기인한다 할 수 있다. 하지만 동아시아의 학생들은 교과에 대한 자신감이 낮고 부정적인 태도를 보이는 등, 정의적 영역에서 특히 낮은 수준을 보인다. 특히 우리나라 학생들은 일본과 함께 세계 최저의 수준을 보이고 있다. 본 단원에서는 먼저 TIMSS와 PISA 연구에서 나타난 소위 '동아시아의 불균형(East Asian disparity)' (Song, 2013)의 현황을 개관하고, 이어서 동아시아 과학교육의 대표적인 특징으로서 과학교실에서의 침묵 현상과 수업 참여 형태 그리고 교사 중심의 교실활동에 대한 최근의 연구결과들을 살펴본다. 또한 이러한 동아시아의 교실문화를 이해하기 위해서는 교실문화를 둘러싸고 있는 사회 전체의 문화적 배경을 함께 고려해야 한다는 점을 지적하고, 마지막으로 서구적인 과학 교수학습 이론들을 동아시아의 교육현장에 단순하게 적용하는 것의 문제점과 한계점을 비판하면서 과학 교실문화에 대한 문화적 접근의 연구가 필요함을 강조한다.

1.1 동아시아 교육에 대한 관심

> 한국은 부족한 천연 자원과는 대조적으로 많은 인적 자원을 가진 나라이다. 한국인들은 교육에 많은 투자를 하고 있고, 그것은 아시아의 다른 신흥경제국들이나 개도국을 크게 앞선다. 한국 학부모들의 가장 큰 특징 중 하나는 교육에 대한 헌신이다. 이러한 헌신을 통해 한국은 상대적으로 짧은 기간 동안 경제를 부흥시키고 또 선진국들과 경쟁할 수 있었다. 한국인들에게서 나타나는 교육에 대한 높은 동기와 기대 수준은 유교적 전통에 기인한다(Guo, 2005: 75쪽).

우리나라의 교육에 대한 국제적 평가는 일반적으로 긍정적인 편이다. 자녀 교육에 대한 학부모들의 열의와 헌신이 대단할 뿐 아니라, 사회 전반에 걸쳐 교육과 학교 그리고 교사를 존중하는 문화가 널리 퍼져 있는 나라로 인식되기 때문이다. 그리고 이와 같은 긍정적 평가는 (한국 교육의 실상과는 무관하게) 국제적으로 볼 때 상당히 보편적이다. 그 대표적인 사례가 바로 오바마 전 미국대통령의 평가이다.

> 우리 학생들은 한국 학생들에 비해 학교에서 지내는 시간이 1달 이상 짧습니다. 이렇게 해서는 학생들에게 결코 21세기 경제를 준비시킬 수 없습니다. …… 한국이 할 수 있는데 이곳 미국에서는 할 수 없는 이유가 있나요?
>
> <버락 오바마, 2009년 3월 10일, 교육 관련 연설 중에서>

수업 시간이 많다는 것 외에도, 오바마는 교사에 대한 한국 사회의 긍정적인 태도에 대해서도 부러움을 감추지 않았다: "학부모 다음으로 아이들의 성공에 결정적인 영향을 미치는 사람들은 다름 아닌 칠판 앞에 서 있는 선생님들이라는 사실을 잊어서는 안 됩니다. …… 한국에서는 교사들이 '나라를 구하는 사람'(nation builders)으로 여겨집니다. 이제는 여기 미국에서도 우리 아이들을 가르치는 분들에 대해 같은 수준으로 존중해야 한다고 생각합니다"(The Korea Herald 2011년 1월 26일 기사).

교육에 대해 이와 같은 긍정적인 사회문화적 태도는 사실 우리나라에서만 나타나는 것이 아니다. 우리와 같이 유교적 전통을 공유하고 있는 동아시아 국가들에서는 이러한 현상이 상당히 공통적이다. 바로 이것이 오늘날 세계 교육전문가들이 동아시아에 관심을 두는 이유이기도 하다. 그렇다면 우리나라를 비롯한 동아시아 국가들의 어떤 특징들이 그들의 관심을 끄는 것인가?

동아시아(East Asia)라는 말은 지역적으로 '아시아의 동쪽'을 지칭하는 표현으로서, 정치외교적 맥락에서는 주로 한 · 중 · 일을 의미한다. 교육과 관련된 맥락에서는 대만과 홍콩까지 포함하기도 한다. 대만과 홍콩은 전통적으로 독립된 교육체제를 유지해 오고 있으며, 때문에 TIMSS와 PISA 같은 국제학력평가에서도 별도의 지역으로 구분되기 때문이다. 지리적으로는 북한과 몽골도 포함될 수 있겠지만, 국제학력평가 등 각종 교육 관련 국제적 교류와 활동에 참여하는 경우가 드물어서 제외되는 경우가 많다.

동아시아 지역은 공통적으로 유교 문화권에 속하며, 동시에 불교와 도교라는 종교 · 문화적 전통 또한 상당히 공유한다. 특히 가르침과 배움 즉 교학(敎學)을 강조하는 유교적 전통으로 인해, 세계 어느 지역보다 교육과 학교 그리고 교사를 존중하는 전통이 강하다. 이러한 문화적 공통성과 지리적 근접성 때문에 동아시아 지역 내에서는 교류와 협력이 빈번하다. 대표적인 사례 중 하나가 과학교육 분야에서 이루어지는 '동아시아과학교육학회'(EASE: East-Asian Association for Science Education, http://theease.org/)의 활동이다.

EASE는 2007년에 한국, 중국, 일본, 대만, 홍콩 이상 5개국으로 출범하였으나, EASE의 활동과 역할이 점차 증대되면서 최근에는 동아시아 지역을 넘어 싱가포르, 인도네시아, 태국, 말레이시아, 필리핀, 베트남 등 동남아시아 지역의 많은 과학교육 연구자들도 활발하게 참여하고 또 교류하고 있다. 현재 EASE의 활동으로는 2년마다 개최되는 국제학술대회(international conference)와 역시 2년마다 개최되는 박사과정생을 위한 여름학교(summer school)가 있으며, 분기별로 연 4회 발행되는 뉴스레터(the Newsletter of EASE) 등이 있다. 그 중 국제학술대회는 미국과학교육학회(NARST)와 유럽과학교육학회(ESERA)의 국제학술대회와 더불어 세계에서 가장 많은 참가자들이 찾는 3대 과학교육학술대회로 자리잡고 있다. 이러한 활동들을 통해 동아시아 지역의 공통적 특징에 맞는 과학교육 연구들이 점차 활발하게 이루어지고 있다.

한편, 교육학을 비롯한 사회과학 분야에서 동아시아를 간접적으로 지칭할 때 사용되는 용어로 '유교전통문화권'(CHC: Confucian Heritage Culture)이라는 용어가 있다. 그리고 'paradox of the Chinese learner' 혹은 'paradox of the Chinese teacher'라는 말에서 볼 수 있는 것처럼, 일부 서구권에서는 동아시아 전체를 '중국'이라는 용어로 설명하는 경우도 있다(예: Lau et al,, 2015). 하지만 유교적 전통을 지니며 동아시아 지역에 속하는 지역은 사실 중화권(Chinese)과 비중화권(non-Chinese)으로 구분된다. 중국, 대만, 홍콩, 싱가포르 등을 중화권이라 한다면, 한국, 일본, 베트남 등은 비중화권이다. 실제로, 같은 동아시아 지역일지라도 중화권과 비중화권은 상당한 차이점이 있다. 예를 들어 Ho(2009)에 따르면, 동아시아 지역은 전체적으로 높은 성취도, 높은 열망, 질서 있는 학교 훈육 환경, 낮은 자아 개념, 낮은 수업 참여도 등의 공통점을 보이고 있지만, 그 중 한국과 일본은 다른 동아시아 지역들에 비해 학습전략을 덜 사용하며, 학습불안은 높고 내적 동기유발은 낮은 특징을 보이고 있다(Lau et al., 2015에서 재인용).

1.2 과학에 대한 높은 성취도 vs. 낮은 태도

오늘날 세계적으로 통용되고 영향력을 미치는 대표적인 국제학업성취도 평가는 크게 두 가지이다. 하나는 경제개발협력기구(OECD: Organization for Economic Cooperation and Development)가 주관하는 PISA(Programmes for International Student Assessment) 평가이고, 다른 하나는 국제교육성취도평가협회(IEA: International Association for the Evaluation of Educational Achievement)가 주관하는 TIMSS(Trends in International Mathematics and Science Study) 평가이다. PISA는 15세 학생들을 대상으로 실생활의 문제를 해결하기 위한 읽기(reading), 수학(mathematics), 과학(science)의 소양을 평가하는 역량 중심의 평가이며, 2000년부터 3년을 주기로 시행되고 있다. TIMSS는 4학년과 8학년을 대상으로 수학·과학 성취도를 국제적으로 비교하는 평가로서, 주로 교육과정 중심의 평가에 해당하며, 1995년을 시작으로 4년을 주기로 시행되고 있다. 즉, PISA가 보다 실생활적 문제를 중심으로 이루어지는 소양과 역량에 대한 평가라면,

TIMSS는 학교교육의 교육과정을 기초로 이루어지는 평가라 할 수 있다. PISA와 TIMSS의 평가가 서로 다른 주기를 갖지만 2015년에는 이 두 가지 평가가 동시에 이루어졌으며, PISA 2015 및 TIMSS 2015의 분석결과는 모두 2016년 말에 발표되었다. 한편 PISA 2015의 경우 과학 교과가 그 주된 평가 대상이었다.

PISA와 TIMSS에서 나타나는 동아시아 국가들의 공통적인 특징이 있는데, 그것은 매우 높은 성취도와 극도로 낮은 태도(자아개념, 동기, 자신감 등)가 쌍으로 나타난다는 것이다(예: Song, 2013). 이것을 소위 '동아시아의 불균형(East Asian disparity)' 혹은 '동아시아의 딜레마(East Asian dilemma)'라고 부른다. <표 1.1>에서 보는 것처럼, 우리나라의 과학 성취도는 세계적으로 높은 수준이다. PISA와 TIMSS 모두에서 상위권에 위치하지만(OECD, 2010; Schmidt et al., 1997; 한국교육과정평가원, 2012), PISA보다는 학교의 교육과정을 중심으로 평가되는 TIMSS의 결과가 더 높았다.

총 72개 국가/지역의 15세 아동 약 54만 명을 대상으로 진행되었던 PISA 2015에서 한국 학생들의 과학성취도는 이전에 비해 주목할 하락세를 보였다. 국

표 1.1 동아시아 지역 국가들의 과학 과목 순위와 점수(PISA, TIMSS)

〈출처: Martin et al., 1996, 2000, 2004, 2012, 2016; OECD, 2005, 2016; Olson et al., 2008〉

지역	PISA (15세)						TIMSS (중2)					
	2015	2012	2009	2006	2003	2000	2015	2011	2007	2003	1999	1995
대만	2−7 (532)	13 (523)	11 (520)	4 (532)	–	–	3 (569)	2 (564)	2 (561)	2 (571)	1 (569)	–
홍콩	7-10 (523)	2 (555)	2 (549)	2 (542)	3 (539)	–	6 (546)	8 (535)	9 (530)	4 (556)	15 (530)	16 (522)
일본	2-3 (538)	4 (547)	4 (539)	5 (531)	2 (548)	2 (550)	2 (571)	4 (558)	3 (554)	5 (552)	4 (550)	3 (571)
한국	9−14 (516)	5−8 (538)	4−7 (538)	7−13 (522)	4 (538)	1 (552)	4 (556)	3 (560)	4 (553)	3 (558)	5 (549)	4 (565)
OECD / 국제 평균	(493)	(501)	(501)	(498)	(497)	(491)	(474)	(500)	(500)	(474)	(488)	(516)

제비교평가 결과에 대한 심층 분석에 따르면(한국교육과정평가원, 2017), 평균 점수의 하락은 하위 성취수준(총 6수준 등급에서 2수준 미만)에 속하는 남학생들의 비율이 크게 증가했기 때문이다. (다른 교과와 마찬가지로) 학생들의 과학 성취도에 영향을 미치는 배경 요인으로는 개인과 학교의 ESCS(사회 · 경제 · 문화 지위 지표), 해당 교과목의 수업 시간, 학업 동기 등이 있다. 하지만 여기에 혁신적인 교수학습 방안이 가미된다면 정의적 특성에 긍정적인 영향을 줄 수 있으며, 이것은 또한 과학 점수에 간접적인 영향을 끼치게 된다. 성취수준이 상위 및 중위인 집단은 이러한 패턴이 공통적으로 드러났다. 하지만 하위집단의 경우, 혁신적인 교수학습 방법은 단지 정의적 특성에 대한 긍정적인 영향만을 나타냈지 실제적인 과학점수(즉, 성취도)는 높이지 못했다(한국교육과정평가원, 2017).

TIMSS 2015에는 49개국에서 초등학생 약 31만명, 39개국에서 중학생 약 27만 명이 참여하였고, 우리나라에서는 약 300개교에서 약 1만 명의 학생들(초4 및 중2 각각 약 150개교에서 5천 명씩)이 참여하였다(교육부, 2016, 11월 29일 보도자료). 여기에서 과학 성취도는 초등학교 4학년의 경우 싱가포르에 이어 세계 2위를 거두었으며, 중학교 2학년은 평균 556점으로, 1위인 싱가포르를 비롯하여 일본과 대만에 이어 세계 4위의 성적을 보였다.

한편, TIMSS와 PISA 연구에서 우리나라 학생들의 과학에 대한 정의적 영역은 매우 부정적인 결과를 나타냈다. TIMSS 2015에서 학생들은 (수학의 경우도 유사하지만) 과학에 대한 자신감, 과학 학습에 대한 흥미, 과학에 대한 가치인식 등 정의적 태도 영역에서 최하위권을 벗어나지 못하고 있다. 총 47개국이 참가한 초등학교 4학년의 경우, 과학에 대한 자신감은 47위, 과학 학습에 대한 흥미는 39~42위를 나타냈다. 총 29개국이 참가한 중학교 2학년의 경우에도 과학에 대한 자신감이 27위, 과학 학습에 대한 흥미가 29위였으며, 예외적으로 39개국이 참여한 과학에 대한 가치인식에서도 36~37위를 나타냈다. 이는 다른 동아시아 국가들도 예외가 아니었다. 성취도에 있어서는 상위권에 속하는 다른 동아시아 국가들도 과학에 대한 자신감이나 과학 학습에 대한 흥미, 과학에 대한 가치인식 등 정의적 영역은 낮게 나타나, 동아시아의 공통적인 현상을 보여주었다(한국교육과정평가원, 2016).

표 1.2 우리나라 초4 및 중2 학생들의 TIMSS 과학 정의적 태도 순위 변화 추이

구 분	초등학교 4학년		중학교 2학년	
	2015	2011	2015	2011
과학에 대한 자신감	47/47	50/50	27/29	24/26
과학 학습에 대한 흥미	39~42/47	49/50	29/29	26/26
과학에 대한 가치인식	–	–	36~37/39	24/26

* KICE (2016) p.9에서 재구성함.

PISA 2015에서는 과학에 대한 즐거움, 과학에 대한 도구적 동기, 과학에 대한 자아 효능감 등을 조사하였는데, 전반적으로 과학에 대한 태도는 대부분 OECD 평균과 비교하여 상당히 낮은 것으로 나타났다(<표 1.3> 참조). 하지만 이러한 결과는 이전의 PISA 연구들에 비해서는 오히려 향상된 것이다.

표 1.3 PISA 2015에서 우리나라 15세 아동들의 과학에 대한 태도 관련 결과

항 목	문항 내용	응답비율(%) (그렇다/매우 그렇다)		
		한국 평균	OECD 평균	차이
과학의 즐거움	다음 내용에 얼마나 동의합니까?			
	① 나는 과학을 배우는 것을 재미있어 하는 편이다.	59.0	62.8	−3.8
	② 나는 과학에 관한 책을 읽는 것을 즐긴다.	43.3	51.8	−8.4
	③ 나는 과학 주제를 다루는 것이 즐겁다.	48.2	54.8	−6.6
	④ 나는 새로운 과학 지식을 알게 되는 것을 즐긴다.	59.9	66.5	−6.6
	⑤ 나는 과학 공부에 흥미가 있다.	53.7	63.8	−10.1
과학에 대한 도구적 동기	다음 내용에 얼마나 동의합니까?			
	① 과학 과목은 내가 나중에 하고 싶은 일을 하는 데 도움이 될 것이므로 노력할 가치가 있다.	66.1	68.8	−2.7
	② 과학 과목에서 배우는 내용은 나중에 내가 하고 싶은 일에 필요하기 때문에 나에게 중요하다.	56.9	63.3	−6.4
	③ 과학 과목은 나의 진로 전망을 더욱 밝게 할 것이므로 공부할 가치가 있다.	62.7	66.6	−3.9
	④ 내가 과학 과목에서 배운 많은 것은 취업에 도움이 될 것이다.	63.8	60.6	3.2

표 1.3 (연결)

항 목	문항 내용	응답비율(%) (그렇다/매우 그렇다)		
		한국 평균	OECD 평균	차이
과학에서의 자아 효능감	다음 과제를 혼자 힘으로 얼마나 쉽게 해낼 수 있다고 생각합니까?			
	① 건강 문제를 다룬 신문 기사에서 그 기사가 기초로 하고 있는 과학문제 파악하기	12.9	21.2	−8.3
	② 어떤 지역에서 지진이 다른 지역보다 더 자주 발행하는 이유 설명하기	21.3	33.5	−12.2
	③ 병을 치료할 때 항생제가 하는 역할 설명하기	15.1	21.3	−6.2
	④ 쓰레기 처리와 관련된 과학 문제 파악하기	18.3	15.9	2.4
	⑤ 환경의 변화가 특정 생물종의 생존에 어떤 영향을 미칠지 예측하기	17.7	23.5	−5.8
	⑥ 식품의 겉면에 적힌 과학 정보 해석하기	9.6	20.0	−10.4
	⑦ 화성에 생물이 살고 있을 가능성에 대한 자신의 이해가 새로운 증거에 따라서 어떻게 변할 수 있는지 논의하기	12.0	17.3	−5.3
	⑧ 산성비 형성에 대한 두 가지 설명 중 더 나은 것을 식별하기	11.3	18.2	−6.9

* KICE (2016) p.10~14에서 재구성함.

앞서 지적한 바와 같이, 이와 같은 국제비교평가에서 과학에 대한 '높은 성취도와 낮은 정의적 태도'는 우리나라만의 문제가 아니라 동아시아 지역이 공유하는 문제이다(예: Song, 2013; Leung, 2005; OECD, 2001, 2003). 하지만 동아시아 지역 내에서도 부분적인 차이가 나타난다. 예를 들어, 한국과 일본은 '높은 성취도와 극히 낮은 정의적 태도'로 매우 유사한 패턴을 보이지만, 홍콩과 대만은(중국과 싱가포르도 포함될 수 있겠다) '높은 성취도와 상대적으로 덜 낮은 정의적 태도'로 조금 다른 패턴을 보인다(Song, 2013).

1.3 과학 교실 침묵과 수업참여

PISA 및 TIMSS 결과에서 나타나는 우리나라 및 동아시아 학생들의 낮은 정의적 태도는 과학수업에 대한 낮은 참여도로 이어진다. 낮은 참여도의 가장 대표적인 현상은 '교실침묵'(classroom silence)이다. 그리고 이러한 현상은 정의적 태도에서 극히 낮은 수준을 보이는 우리나라와 일본에서 더욱 두드러지게 나타난다. 문제는 이러한 (과학) 교실침묵 현상에 대한 분석과 이해가 아직 거의 이루어지지 않았다는 데 있다.

최준영 · 나지연 · 송진웅(2015)은 SSK 사업의 일환으로 진행되었던 ECCO-SM(동아시아 과학수학 교실문화: East-Asian Classroom Culture of Science & Mathematics) 프로젝트의 소규모 연구에서 '우리나라 학생들이 과학수업에서 보이는 행동적 참여 상태'를 분석하고자 하였다. 이를 위해 첫째, 학생들의 수업활동을 촬영한 영상 자료를 체계적으로 분석하기 위한 도구를 개발하고, 둘째, 개발된 도구를 활용하여 초등학생 2명의 과학 수업참여 활동을 미시적으로 분석하였다.

도구의 개발은 총 3단계를 거쳐 이루어졌다. (1단계) 문헌연구를 통하여 수업 중에 나타나는 학생들의 행동 유형을 수집하고, (2단계) 실제로 초등학교 과학수업을 관찰하여, 문헌조사와 실제 관찰을 통해 얻은 결과를 통합하는 '과학 수업 참여 상태 분석틀'을 개발하고, (3단계) 마지막으로 이러한 분석틀을 기반으로 Microsoft Excel Visual Basic을 이용하여 수업 관찰 내용을 기록하고 분석하는 도구 VABAP(Video Analysis of Behavior and Partipation in classroom)을 개발하였다.

이 연구에서 학생들의 수업참여 상태는 크게 범교과 행동(10가지 범주: 자유발화, 음독, 경청하기, 묵독, 쓰기, 주의집중하기, 손들기, 이동하기, 비참여적인 움직임, 과제 움직임)과 과학 행동(4가지 범주: 관찰하기, 분류하기, 측정하기, 실험도구 다루기)으로 분류하였으며, 이러한 참여 유형 범주들은 다시 학생들의 발화 여부와 수업참여 여부에 따라 '참여적 발화(participatory speech)', '비참여적 발화(non-participatory speech)', '참여적 침묵(participatory silence)', '비참여적 침묵(non-participatory silence)'으로 분류하였다. 이어서 이러한 개념적 틀을 기초로 하여 해당 교사이자 연구자인 1인이 기록된 수업영상을 분석하되, VABAP 분석도구를 이용해서 교사의 행동과 학생들의 행동을 초 단위로 기록하고 분류하였다. 이를 통해 학생이 수행한 각 행동의 지속시간을 측정하고, 매 순간 학생의 수업참여 상태를 분류할 수 있었다.

이러한 과정을 통해 분석된 초등학교 과학수업 중 관찰 대상이 되었던 2명의 특정 학생과 교사가 보인 활동유형의 상태는 다음과 같다: ① 교사는 전체 수업 시간 중 62%에 해당하는 시간 동안 발화하였다. ② 2명의 학생 중 B 학생만 전체 수업의 9% 동안 발화하였다. 이때 학생 B가 '참여적 발화'를 한 시간은 5%이고, '비참여적 발화'를 한 시간은 4%였다. ③ 한편, 두 학생 모두 '참여적 침묵'을 한 시간이 각각 63%와 72%로 가장 길게 나타났다. ④ '참여적 침묵' 활동으로는 '경청하기'(51%, 42%), '주의 집중하기'(20%, 8%), '관찰하기'(17%, 17%) 등이 대표적이다(<그림 1.1, 1.2> 참조).

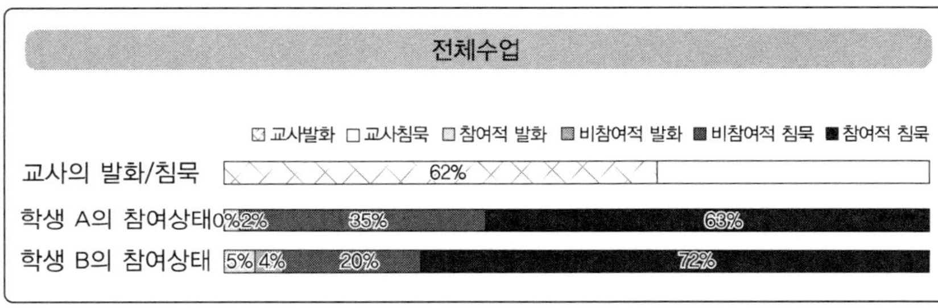

그림 1.1 초등학교 과학수업에서의 교사와 학생의 참여 유형별 비율 (최준영·나지연·송진웅, 2015)

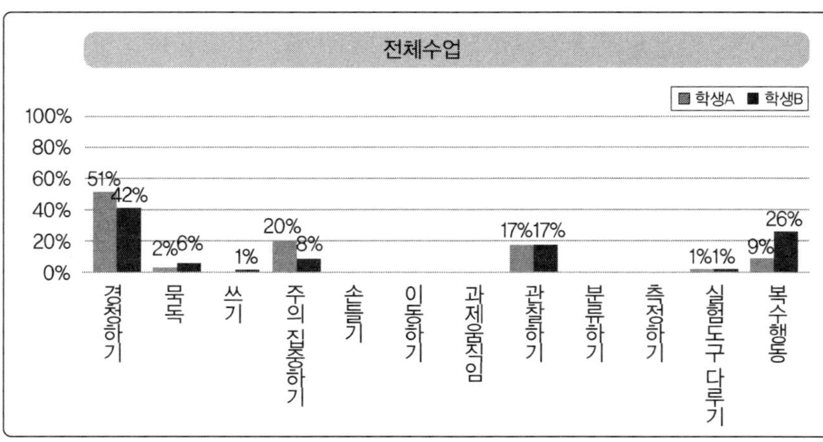

그림 1.2 초등학교 과학수업에서의 학생의 참여적 침묵 활동 분석 (최준영·나지연·송진웅, 2015)

한편, 최준영(2015)은 동일한 분석도구 VABAP을 활용하여 수도권 소재 중학교 2학년 한 학급의 과학수업 3차시 분량을 관찰하였다. 이 수업에는 실험활동이 포함되었으며, 4개의 캠코더를 활용하여 관찰 가능한 7명의 학생을 분석하였다. 연구결과를 요약하면 다음과 같다. ① 대부분은 학생들에게 가장 길게 나타난 시간은 비언어적 행동을 통해 수업에 참여하는 참여적 침묵이었다. (19%의 발화를 보였던 1명을 제외한 나머지 학생들은 대부분의 시간 동안 침묵하고 있었다. 발화 시간: 0~4%) ② 19%의 발화를 보인 학생의 경우, 수업 중 행해진 모든 발화는 동료 학생들과 한 대화로서, 수업과 무관한 대화들이었다. ③ 학생들의 참여적 침묵 활동은 경청하기, 주의 집중하기, 관찰하기 순으로 나타났다. 이는 이전의 초등학교 학생의 분석결과와 동일하다.

위 사례연구들에서 나타난 것처럼, 우리나라 초・중등 과학수업에서 나타나는 대부분의 발화는 교사에 의해 이루어지고 있으며, 학생들이 수업과 관련된 발화를 하는 경우는 극히 적었다. 즉 학생들의 '참여적 발화'는 매우 저조한 수준이었다(대개 5% 이하). 하지만 학생들의 이러한 낮은 발화율이 곧 수업에 대한 비참여를 의미하는 것은 아니다. 앞서 살펴본 바와 같이, 학생들은 대개 전체 수업시간의 절반 이상을 '참여적 침묵' 형태로 참여하고 있었다. 이는 학생들의 참여와 발화가 적극적으로 이루어지는 서구 문화권과는 다른 모습으로서, 동아시아의 문화와 전통이 교실문화에 반영된 경우라고 볼 수 있다.

1.4 교사중심의 교실활동

동아시아 수학교육의 문화적 특징에 대한 핵심 연구자 중 한 사람인 홍콩 대학의 Leung 교수는 TIMSS 1999 Video Study 자료를 바탕으로 동아시아 수학교실의 특징에 대해 분석하였다(Leung, 2005). TIMSS 1999 Video Study는 TIMSS 1999와 함께 진행된 연구로서, 7개국(네덜란드, 미국, 스위스, 일본, 체코, 호주, 홍콩)의 8학년 수학교실에서 벌어지는 교수학습 활동을 비교하기 위해 수행되었다. 각 국가별로 약 100개의 수학수업을 녹화 분석하려고 계획하였으며, 일본이 50개 수업으로 가장 적었고 스위스가 140개 수업으로 가장 많았다.

Leung(2005)의 TIMSS 1999 Vedio Study의 분석에 따르면, 수업 중 발화에 대해 일본과 홍콩의 수학교사들은 상당히 다른 패턴을 보였다. 홍콩 교사의 경우 수업 당 5,800 단어를 말함으로써 (미국에 이어 두 번째로) 교사 발화가 많았던 반면, 일본의 교사들은 수업 당 5,148 단어를 말함으로써 가장 적은 발화를 하는 것으로 나타났다. (한편, 비교 대상이었던 7개국 전체의 교사 발화 평균은 수업 당 5,533 단어였다.) 하지만 교사의 발화를 학생의 발화와 비교하면, 동아시아 국가들은 동일한 패턴을 보이고 있다. 학생 발화 1회당 교사의 발화는 홍콩이 16회, 일본이 13회로 비교 대상 7개국 중에서 가장 높았다.

한편 수학 수업에 관해서는, 일본과 홍콩 모두 수업 시간의 76%를 새로운 내용을 다루는 데(즉, 새로운 교과내용을 소개하거나 연습하는 것) 사용하였다. 이는 다른 국가들에 비해 월등히 높은 비율이며, 수업 시간에 다루는 수학 문제의 복잡성에 있어서는 일본이 특히 압도적으로 높았다. 예를 들어, 고도로 복잡한 문제가 84%, 문제풀이에 45초 이상이 걸리는 문제가 98%였다.

한편, 장진아와 송진웅(2015)은 우리나라 초등학교 과학수업의 탐구활동을 관찰하면서, 과학수업 내에 어떠한 교실규범이 형성되고 또 실행되는지를 조사하였다. 이들의 연구에 따르면, 과학교실 규범은 크게 생활규범, 범교과 학습규범, 탐구활동 학습규범 등 3가지로 구분되었다. 생활규범으로는 시간관리, 수업준비, 학습 분위기 및 기본생활습관 형성을 위한 보상 규칙 등이 관찰되었는데, "생활규범은 대부분 교사의 의해 주도되어 형성되었으며, 교사의 가치나 신념에 따라 학급별 생활규범의 성격이 많이 달라졌다"(196쪽). 즉, 학급의 생활규범은 거의 교사에 의해 결정되었다. 범교과 학습규범으로는 학습에 참여하는 태도와 관련된 규범, 발표 규칙, 활동 참여 규칙 등이 관찰되었는데, "이러한 규범들은 생활규범들과 연계되어 작용하였으며, 교사가 지닌 교육적 가치와 신념을 잘 반영하고 있었다"(196쪽). 과학탐구 학습규칙으로는 과학탐구에 참여하는 방식과 관련한 규범, 바람직한 탐구 수행을 위한 판단의 기준이 되는 규범, 실험실 안전 규칙 등이 관찰되었으며, "탐구 과정에서 형성된 여러 규범들은 때론 교사, 때론 학생에 의해 주도되어 형성"(196쪽)되는 것으로 드러났다.

이와 같이, 동아시아 교실에서의 의사소통 및 상호작용은 다분히 교사 중심적이다. 교사가 교실담화를 주도하며, 교실 내에서의 규범 역시 교사의 주도로 만들어지고 있다. 하지만 이러한 교사중심의 소통과 상호작용이 학생의 참여를 배제한다거나 비효율적인 수업을 한다는 의미는 아니다. Leung(2005)의 지적처럼 "교사 주도의 학급에서도 여전히 유의미 학습이 이루어지고 있다. 높은 교사 발화 비율과 같은 교사 주도의 수업이 반드시 소극적이고 수용적인 학습을 이끄는 것은 아니다. 오히려 상당히 많은 부분이 교사가 무엇을 말하며 그 내용을 어떻게 전달하는가 그리고 그러한 (교사 주도의) 이야기가 학생들을 수업에 참여하도록 하는가에 달려 있다"(209-210쪽).

1.5 과학 교실문화의 이해를 위한 문화적 접근의 필요성

동아시아 문화권은 유교 중심의 문화권으로서, 기독교 중심의 서구 문화권과는 많은 측면에서 다르다. 특히 집단과 개인의 관계에서 두 문화권의 차이는 더욱 극명하게 드러난다(예: Hong & Jack, 2016). 예를 들어, 동아시아 사람들은 성공의 기준을 개인이 아닌 집단을 중심으로 판단하는 경우가 많다. 개인이 얼마나 조화롭게 '집단'과 관계를 맺는가를 중시하고, 그 '집단' 내에서 주어지는 개인의 역할과 기능에 초점을 맞춘다. '나'의 행동과 자세는 언제나 '집단 속에서의 나'의 위치와 역할에 의해 결정된다. 이는 집단주의적 문화의 대표적인 특징이기도 하다.

> 일반적으로 동아시아인들은 서양인들에 비해 개인적인 목표와 자기강화에 관심이 적으며, 대신 집단의 목표와 조직화된 행동에 더 큰 관심을 둔다. 개인적 성공보다는 조화로운 사회적 관계를 유지하는 것이 우선이다. 성공이란 집단의 목표일 뿐, 개인에게는 그리 가치 있는 목표가 되지 않는다. 개인의 독특한 개성도 특별히 바람직한 것이 되지 못한다(Nisbett, 2003, pp.48-9).

한편, Nisbett(2003)은 다음과 같이 동양인과 서양인의 사고 차이를 비교 정리하였다: ① (주의와 인식 유형) 서양인들은 대상에 주목하지만, 동양인들은 환경에 주목한다. 동양인들은 서양인들에 비해 사건들 사이의 관계를 더 잘 파악하는 경향이 있다; ② (세계에 대한 기본 가정) 서양인들은 어떤 대상에 주목하지만, 동양인들은 그 대상의 재료(바탕)에 주목한다; ③ (환경의 통제가능성에 대한 믿음) 동양인들에 비해 서양인들은 통제가능성을 높게 본다; ④ (안정성과 변화에 대한 가정) 동양인들은 기본적으로 변화를 가정하는 반면, 서양인들은 안정성을 가정한다; ⑤ (사건에 대한 설명 패턴) 서양인들은 대상에 집중하지만, 동양인들은 그 환경을 비롯한 폭넓은 망(net)을 조망한다; ⑥ (세계를 조직하는 방식) 서양인들은 구분 짓기를 선호하지만, 동양인들은 관계성을 더 강조한다; ⑦ (형식적 논리적 규칙 사용) 사건들을 이해함에 있어서, 서양인들은 동양인들에 비해 논리적 규칙을 선호한다; ⑧ (변증법적 접근) 대립되는 장면에 직면했을 때, 동양인들은 그 중도(middle way)를 선호하는 반면, 서양인들은 어느 한쪽의 신념을 고집한다.

동양과 서양의 이와 같은 차이를 인류학자 Edward T. Hall은 맥락성(context)으로 설명한다. 그는 일본과 미국을 고맥락 사회(high context society)와 저맥락 사회(low context society)의 대표적인 예로 들면서, 사회의 차이를 맥락성의 관점에서 설명했다. 그에 의하면, 맥락성의 차이에 따라 의사소통 방식이 두 사회에서 다르게 나타난다. 저맥락 사회에서는 화자의 의도를 파악하기 위해 참조할 수 있는 대상들이 상대적으로 적기 때문에, 화자는 자신의 의도와 메시지를 상대적으로 명확하게 전달해야 할 필요가 있다. 반면 고맥락 사회에서는 화자의 의사표명이 명확하지 않더라도 주변의 환경을 통해 화자의 의도와 메시지를 어렵지 않게 파악할 수 있다. 이러한 이유에서 고맥락 사회에서의 의사소통은 간접적이고 추상적이며 우회적이다.

> ... 고맥락 문화는 저맥락 문화에 비해 내부인과 외부인 사이의 구별이 훨씬 분명하다. 고맥락 체계에서 성장한 사람들은 저맥락 체계에서 성장한 사람들보다 타인에게 많은 것을 기대한다. 고맥락성의 사람들은 자기 마음속에 있는 이야기를 할 때, 상대방이 자신이 하려는 말을 이미 알고 있다고 믿기 때문에 구체적으로 이야기할 필요가 없다고 생각한다. 그러므로 그는 핵심을 건드리지 않고 돌려서 이야기하게 되며, 핵심을 집어내는 일은 듣는 사람의 몫이다. 말하는 사람이 핵심을 일러주는 것은 듣는 사람의 인격에 대한 모욕이자 침범이 된다.
>
> <Edward Hall, 최효선 역, 문화를 넘어서, 2013, p.161-2>.

동양 문화권에서는 중심과 주변의 구분이 서구 문화권에 비해 명확한 편이다(Edward Hall, 최효선 역, 숨겨진 차원, 2013). 동양 문화권에서는 권위를 갖는 주체가 (물리적 혹은 문화적) 공간의 중심에 위치하고, 그 중심으로부터의 거리에 따라 권위/권력의 정도가 달라진다. 이러한 경향은 학급 내에서 교사에게 주어지는 권위와 그것을 중심으로 펼쳐지는 학급 내 역학관계와 매우 유사하다. 우리나라를 포함한 동아시아 학교의 교실 내 소통구조는 문화적으로 막강한 권위를 부여받은 교사가 중심이 된 교사중심적이며, 또 간접적이고 우회적일 가능성이 높다.

동서양의 문화적 차이는 미국과 같은 다문화 사회에 대한 분석을 통해서도 잘 드러난다. Uba(1994)에 의하면, 미국 내에 있는 다른 문화권과 달리 아시안-아메리칸 문화는 다음과 같은 독특한 특징을 갖고 있다(Hall & Barongan, 2002에서 재인용).

인내심(patience)
상냥함(gentleness)
예의바름(being well-mannered)
협동심(cooperation)
협조적 화해적 마음(Being accommodating, conciliatory, and cooperative)
집단과의 조화(blending in with the group)
겸손함과 얌전함(humility and modesty)
감정표현의 절제(withholding free expression of feelings)
갈등의 억제(suppressing of conflict)
논쟁의 회피(avoiding potentially divisive arguments and debates)
간접적 소통(communicating indirectly)
타인에 대한 도전의 자제(refraining from openly challenging others' perspective)
비언어적 소통(nonverbal communication)
관례에 대한 순응(conformity to conventional behavior).

서구 문화권과 아시아 문화권 사이의 차이점은 개인주의-집단주의(individualism-collectivism), 독립성-상호의존성(independence-interdependence), 참조적-지시적 자아(referential-indexical self)등 다양한 방식으로 불린다(Hall & Barongan, 2002). 서구 문화권에서는 개인으로서의 자아(the self)가 매우 강조되며, 자아는 특별하고 독립적이고 가치 있는 존재로 여겨진다. 때문에 자기인식, 자기비판, 자의식, 자기반성, 자기결정, 자기실현, 자기충족, 자기변화 등이 서구 사회의 목표가 되는 것은 매우 자연스럽다(Landrinw, 1992). 반면, 사회적 맥락이 중요시 되는 아시아 문화권에서는 집단의 정체성이 강하게 나타나는 경향이 있으며, 이러한 문화권에서는 경쟁이 아닌 협력이 목표가 된다. 이는 보트 경기에서 보트 안에 있는 사람들이 보조를 맞추면서 함께 노를 저어야 더 효과적으로 진행할 수 있는 것과 같다(Hall & Barongan, 2002).

한편, '한국인 심리학'을 연구하는 최상진(2011)은 한국인의 의식구조를 설명할 수 있는 핵심적인 심리 특성을 언급하면서, '한국인의 심층심리 구조'에 해당하는 '정'과 '한', 그리고 '한국인의 사회심리 구조'에 해당하는 '우리성', '체면', '눈치', '핑계', '의례성' 등을 제시하였다. 이러한 심리적 특성들은 '자기(the self)'라는 개념을 중심으로 형성 · 발달되며, 이는 다시 집단과 맥락성이 강조되는 한국의 문화적 특징을 고스란히 반영한다.

> … 자기(the self)라는 개념 그 자체도 개인주의에 바탕을 둔 서구의 역사-문화적 구성물이라고 볼 수 있다. 사람은 개인화될수록 가치롭다는 암묵적 전제가 자기의 개념 속에 내재되어 있으며, 이는 곧 서구의 개인주의 문화를 자기라는 개념이 구조적으로 장착하고 있음을 뜻한다. 일본이나 한국과 같은 유교문화의 전통적 시각에서는 오히려 개성적 자기보다는 보편적 자기로서의 '인간 됨됨이'를 문화적 가치로 추구해 왔다. … 서양에서는 개인의 자기구성과 자기실현을 문화적으로 강조해 왔다면 한국을 비롯한 유교문화권에서는 유교적 교리에 따른 이상적 인간상(仁·義·禮·智)을 보편적이며 공통적인 자기 개념으로 추구해 왔다고 볼 수 있다(최상진, 2011, p.97).

이러한 한국인의 자기 개념과 자기 정체성은 소위 '우리'로 대표되는 한국인의 개인과 집단의 역학적 관계와 불가분의 관계를 갖는다. 이를 최상진 교수는 '우리 집단 자기의식'이라 부른다.

> … 즉, 한국인의 우리 집단 자기의식은 … 자신의 자기를 우리라는 문화적

> 심리체 속에 적어도 현상적으로 함몰시키는 탈자기적 '우리 자기'로 특징 지울 수 있다. 따라서 한국인의 자기정체감은 … 자신이 속한 우리 집단의 사회적 및 규범적 정체감을 자신의 사적 정체감으로 내삽시키는 집단정체감의 특성을 강하게 함축하고 있다. 따라서 한국인은 내가 누구인가보다 내가 어느 우리에 속해 있는가에 따라 자기정체감은 물론 사회적 신분과 사회적 역할 기대가 달라진다. … 한국인에게 있어서는 상황적 행동과 집단 조화적 행동을 행동 자체의 정당성, 이념성 및 항상성보다 더욱 중요시한다고 볼 수 있다(최상진, 2011, p.102).

이러한 차이가 있는 문화권 내에서의 교실문화를 보다 체계적으로 이해하기 위해서는 무엇이 필요한가? 이에 대해 사회구성주의적 접근(socio-constructivist approach)을 도입하였던 연구자들이 있는데, 미국 벤더빌트 대학의 Paul Cobb 교수와 동료 연구자들이 그 대표적 예이다. Cobb는 수학교실 내부의 문화를 크게 '교실의 규범과 실천'(classroom norms and practices) 그리고 '교사와 학생 개인의 신념과 개념 및 활동'(teachers' and students' beliefs, conceptions, and activities)이라는 두 가지 관점으로 설명하려 하였다(e.g. Cobb & Yackel, 1996). 사회구성주의 이론에 의하면, 전자는 사회적 관점(social perspective)에 해당하는 것으로서, 여기에는 학급 공동체 내에서 표준이 되는 행동, 사고, 주장 등이 포함된다. 반면, 후자는 심리적 관점(psychological perspective)에 해당하는 것으로서, 개별 학생들의 사고와 참여 방식 등이 포함된다.

또한 Cobb 등은 사회적 관점 및 심리적 관점에 대해 보다 상세한 논의를 전개하였다. 먼저 사회적 관점으로는 교실의 사회적 규범(classroom social norms), 사회-수학적 규범(socio-mathematical norms), 교실수학의 실천(classroom mathematics practices) 등 3가지를 주장하였고, 심리적 관점으로는 수학교실에서의 개인과 타인의 역할에 대한 신념(beliefs about personal role and the role of others), 수학적으로 특화된 신념과 가치(specially mathematical beliefs and values), 수학적 개념과 활동(mathematical conceptions and activity) 등 3가지를 주장하였다(De Corte et al., 2010).

> (사회적 관점의) 학급공동체의 규범적 활동들은 교사와 학생들이 상대방

> 의 행동을 해석하고 반응함으로써 (심리적 관점으로) 등장하고 또 끊임없이 재생산된다. 역으로 학급 내에서의 교사와 학생들의 해석과 행동들은 (심리적 관점) 학급 공동체의 실천에 참여하는 행동으로서만 존재한다(Cobb et al., 2001, p. 122).

한편, Boaler and Greeno(2000)는 고등학교 6개 학급의 학생 48명을 대상으로, 수학수업에 대한 질적 연구를 심층면접(인터뷰) 방식을 통해 수행한 바 있다. 인터뷰 결과를 바탕으로 분류했을 때, 학급문화는 참여생태계(ecologies of participation)에 따라 크게 두 가지로 분류되었는데, 하나는 설교적 교수(didactic teaching) 생태계이고 다른 하나는 토론 중심 교수(discussion-based teaching) 생태계이다. 이 중 설교적 교수 생태계는 수용적 앎(received knowing)의 인식론에 기초한 것으로, 이러한 환경 내에서 학생들은 규칙준수, 인내, 복종, 좌절 등을 포함하는 지식의 수용자로서의 역할을 받아들였다. 반면, 토론중심 교수의 생태계는 연결적 앎(connected knowing)의 인식론에 기초한 것으로, 여기에서 학생들은 수학을 탐구와 협상 그리고 토론의 영역으로 인식하였다. 또한 수학적 지식의 연결과 그 관계를 이해하는 것이 학습자의 역할이라고 인식하고 있었다.

교실문화를 체계적으로 이해하기 위해서는 교실문화를 둘러싼 각기 다른 수준을 포괄하는 종합적인 접근이 필요하다. 예컨대, Bendixen & Feucht(2010)는 교실을 둘러싸고 있는 현상들을 4가지 수준의 다른 시스템으로 구분하였다: 개인시스템(individual system), 미소시스템(microsystem), 중간시스템(exosystem), 거대시스템(macrosystem). 여기서 개인시스템은 학생과 교사들의 신념, 태도, 능력, 지식, 전략 등을 말하며, 미소시스템은 학생들에게 직접적인 영향을 미치는 교실환경, 교실문화, 인식론적 환경, 교사-학생 및 학생-학생의 상호작용 등을 말한다. 중간시스템은 학생들에게 간접적인 영향을 미치는 외적인 것들로서, 여기에는 개인의 인식론을 구성하는 구인들, 관련 연구, 교육과정, 학교맥락, 교육심리의 이론 등이 포함되며, 마지막으로 거대시스템에는 학생들에게 직접적인 영향을 미치지는 않지만 여전히 영향을 발휘하는 사회적 · 문화적 맥락, 국가교육의 표준 등이 포함된다. 이러한 구분 체제를 따른다면, 우리가 여기에서 주목하고 있는 '동아시아의 과학 교실문화'는 4가지 수준의 시스템 모두와 연관되겠지만,

그 중에서도 동아시아 지역의 공통적인 특징과 보다 직접적으로 연관되는 거대 시스템 수준에서 분석하는 것이 더욱 필요할 것이다.

지금까지 우리는 우리나라 혹은 동아시아의 과학 교실문화를 이해하기 위해, 동아시아가 공유하는 문화 그리고 그러한 문화권에서 부여되는 구성원들의 사회적 지위와 구성원들 간의 소통에 대해 보다 철저한 이해가 선행되어야 한다는 점을 살펴보았다.

그러나 우리는 (대한민국은 물론 동아시아 전체가 보편적으로) 각 국가 및 사회의 교육 문제를 해결하기 위해 서구의 문화권에서 잉태한 과학교육 이론들을 반복적으로 수입하고 적용해 왔다. 학생들의 적극적인 참여를 전제로 하는 탐구수업, 학생들의 자발적이고 솔직한 자기생각의 표현을 출발점으로 삼는 구성주의적 접근, 가치의 충돌과 갈등의 인식을 필수적 요소로 삼는 STS 및 SSI 수업 등이 그 예라 할 수 있겠다. 이제 우리는 지난 수 십 년 동안 개발되었던 다양한 교수학습 이론/전략/모형들이 얼마나 우리나라 및 동아시아의 문화와 그 소통방식에 적합한 것인지에 대해 비판적이면서도 체계적으로 분석하고 이해해야 할 시점이 되었다. 최근 동아시아의 과학교육에 초점을 맞춘 단행본들이 등장하고 있는데, 이는 동아시아 과학교육을 그들의 시선에서 살펴보았다는 점에서 고무적이다(예: *Science Education Research and Practice in East Asia: Trends and Perspectives* [edited by Huann-shyang Lin, John K. Gilbert, and Chi-Jui Lien, 2016], *Science Education Research and Practice in Taiwan: Challenges and Opportunities* [edited by Mei-Hung Chiu, 2106], *Science Education in East Asia: Pedagogical Innovations and Research-informed Practices* [edited by Myint Swe Khine, 2015]). 동아시아 과학교실에서 일어나는 여러 교육현상들을 보다 실질적으로 이해하고, 그것들이 갖는 문화적 특성을 효과적으로 고려하고 반영하기 위해서는 이러한 움직임이 더욱 적극적으로 일어나야 한다.

사실 동아시아의 교육과 학생에 대한 이미지는 상당수 왜곡되어 정형화된 경우가 많다. 예를 들어, 동아시아 학생들은 단순 암기를 통해 학습한다고 생각하는 경우가 많지만 사실은 반복과 훈련 그리고 기억을 통해 이해를 하려고 한다. 또한 학습에 대한 이들의 동기유발은 개인적 관심과 야망뿐 아니라 사회나 가족,

동료의 기대를 통해 이루어진다. 서구권 학생들에 비해 상대적으로 좀 더 외적 동기유발이 많기는 하지만, 그렇다고 동아시아 문화권 학생들이 학습에 대해 표피적으로만 접근하는 것은 아니며, 오히려 심층학습접근(deep learning approach)을 사용하는 경우가 많다(Lau et al., 2015). 뿐만 아니라 교실에서는 교사들이 상대적으로 더 권위적이지만, 교사-학생의 좋은 관계는 교실 밖의 비공식적 상호작용을 통해 형성되는 경우가 많다(Ho, 2001). 또한 서구 문화권에 비해 교사중심의 학습 환경이 더 강하게 드러나긴 하지만, 그 자체만으로 학습이 수동적일 것이라거나 지시적일 것이라고 단정할 필요는 없다. 오히려 동아시아의 교사들은 직접적인 교수활동, 학급 토론, 모둠학습 등을 수업에서 주의 깊게 조직하며, 이를 통해 학생들로 하여금 보다 적극적으로 학습에 참여할 수 있게 한다(Mok et al., 2001).

동아시아 문화권의 교육 시스템에서 자주 볼 수 있는 시험에 대한 높은 압박감은 부정적인 영향을 주기도 하지만, 한편으로는 노력과 근면성 그리고 교육을 통한 개인의 성공 등을 강조하는 유교 문화와 일맥상통하는 것이기도 하다(Lau et la., 2015, 16). 즉, 교사중심의 설교적인(didactic) 수업은 교사의 권위를 존중하는 순종적인 학생이 없다면 효과적이지 못하다. (한국과 일본에서 두드러지게 나타나는 바처럼) 학업 성취도는 높으나 학습에 대한 자의식(self concept)이나 즐김(enjoyment)이 낮은 것은, 동아시아 학생들의 학습에 대한 동기가 즐김을 통해 유발되는 것이 아니라는 점을 반영한다. 즐김보다는 오히려 근면성과 노력, 그리고 교육을 통한 성공을 강조하는 동아시아의 문화에 의해 더 많은 동기가 유발된다고 볼 수 있다(Lau et al. 2015, 36).

우리는 앞에서 동아시아 과학교육의 주된 특징으로 '높은 성취 vs 낮은 정의적 태도', '교실침묵과 수업참여', '교사중심의 과학 교실규범' 등에 대해 살펴보았고, 이러한 특징들이 동아시아가 공유하는 문화적 분석을 통해서 이해될 수 있음을 보았다. 이러한 특징들은 동아시아 문화권이 공유하는 공통적 특징의 일부에 지나지 않을 것이다. 또한 우리는 동아시아 지역의 문화권/국가 안에서도 서로 다른 특징을 보이는 소집단들을 구분할 수 있었다. 사실 과학교실 속에서 벌어지는 현상들은 과학을 매개로 동료-학교-국가-문화권 등 서로 다른 수준의 문화적 맥락 속에서 벌어지는 교사와 학생들 사이의 상호작용이다. 따라서 이를 제대로 이해하기 위해서는 보다 세밀한 문화적 접근이 반드시 있어야 한다. 동아시아 과학교실이 가진 문화적 특징의 공통점과 차이점에 주목하는 연구들이 앞으로도 더욱 활발하게 전개되어야 할 이유인 것이다.

reference

참고문헌

교육부 (2016). 수학 · 과학 성취도 추이변화 국제비교 연구(TIMSS 2015) 결과 발표. 2016년 11월 29일 보도자료.

구자옥, 김성숙, 이혜원, 저성민, 박혜영 (2016). OECD 국제학업성취도 평가 연구: PISA 2015 결과보고서. 한국교육과정평가원.

장진아, 송진웅 (2015). 초등학교 과학수업의 탐구활동에서 형성되는 교실 규범의 특징에 대한 사례 연구. 한국과학교육학회지, 35(2), 303-312.

조민환 (2003). 道家의 敎育思想과 그 現代的 意義. 東洋哲學硏究, 32, 397-417.

최상진 (2011). 한국인의 심리학. 서울: 학지사.

최준영 (2015). 과학수업에서 나타나는 중학생 행동의 정량적 분석: 참여와 침묵을 중심으로. 미출판 석사학위논문. 서울대학교 대학원, 서울.

최준영, 나지연, 송진웅 (2015). 과학수업에서 나타나는 학생들의 행동적 참여 분석을 위한 영상 분석 도구의 개발. 한국과학교육학회지, 35(2), 247-258.

Hall, E. T. (1976). Beyond culture. Garden City, N.Y.: Doubleday. 최효선(역, 2013). 문화를 넘어서. 파주: 한길사.

Hall, E. T. (1966). The hidden dimension. Garden City, N.Y.: Doubleday. 최효선(역, 2013). 숨겨진 차원. 파주: 한길사.

한국교육과정평가원 (2016). 국제학업성취도 수학 · 과학 결과 추이 및 현안 대응 방안 (KICE Position Paper), 8권 6호 (통권 제53호).

한국교육과정평가원 (2017). 국제학업성취도 평가 심층 분석에 근거한 우리나라 교육 현안 및 개선 방안 (KICE Position Paper), 9권 6호 (통권 제59호).

Bendixen, L. D. & Feucht, F. C. (2010). Personal epistemology in the classroom: what does research and theory tell us and where do we need to go next? In L. D. Bendixen & F. C. Feucht (Eds.) Personal Epistemology in the Classroom. Theory, Research, and Implications for Practice, (pp. 555-586). Cambridge: Cambridge University Press.

Boaler, J. & Greeno, J. (2000). Identity, agency, and knowing in mathematics worlds. In J. Boaler (Ed.) Multiple Perspectives on Mathematics Teaching and Learning (1-17). Westport, CT: Ablex Publishing.

Chiu, M-H. (Ed.) (2106). Science Education Research and Practice in Taiwan: Challenges and Opportunities. Singapore: Springer.

Cobb, P., Stephan, M., McClain, K., & Gravemeijer, K. (2001). Participating in classroom mathematical practices. Journal of the Learning Sciences, 10, 113-163.

Cobb, P. & Yackel, E. (1998). A constructivist perspective on the culture of the mathematics classroom. In F. Seeger et al. (Eds.) The Culture of the Mathematics Classroom, (pp. 158-190). Cambridge: Cambridge University Press.

De Corte, E., Op't Eynde, P., Depaepe, F. & Verschaffel, L. (2010). The reflexive relation between students' mathematics-related beliefs and the mathematics classroom culture. In Lisa D. Bendixen & Florian C. Feucht (Eds.) Personal Epistemology in the Classroom: Theory, Research, and Implications for Practice. Cambridge: Cambridge University Press.

Guo, Y. (2005). Asia's Educational Edge: Current Achievements in Japan, Korea, Taiwan, China, and India. New York: Lexington Books.

Hall, G. C. N. & Barongan, C. (2002). Multicultural Psychology. New Jersey: Prentice Hall.

Hong, Z-R. & Jack, B. M. (2016). Affective aspects of science education in East-Asia. In H-S. Lin, J. K. Gilbert, & C-J. LIen (Eds.) Science Education Research and Practice in East Asia: Trends and Perspectives, (pp. 333-357). Taipei: Higher Education Pub.

Hsu, Y-S. (Ed.) (2015). Development of Science Teachers' TPACK: East Asian Practices. Singapore: Springer.

Huang, G. H-C. and Gove, M. (2015). Confucianism, Chinese families, and academic achievement: Exploring how Confucianism and Asian descendant parenting practices influence children's academic achievement. In M. S. Khine (Ed.) Science Education in East Asia: Pedagogical Innovations and Research-informed Practices, (pp. 13-40). New York: Springer.

Khine, M. S. (Ed.) (2015). Science Education in East Asia: Pedagogical Innovations and Research-informed Practices. New York: Springer.

Lau, K-C., Ho, E. S-C., & Lam, T. Y-P. (2015). Effective classroom pedagogy and beyond for promoting scientific literacy: Is there an East Asian Model?. In M. S. Khine (Ed.) Science Education in East Asia: Pedagogical Innovations and Research-informed Practices, (pp. 13-40). New York: Springer.

Leung, F. K. S. (2005). Some characteristics of East Asian mathematics classrooms based on data from the TIMSS 1999 Video Study. Educational Studies in Mathematics, 60, 199-215.

Lin, H-S., Gilbert, J. K., & Lien, C-J. (2016). Science Education Research and Practice in East Asia: Trends and Perspective. Taipei: Higher Education Publishing.

Nisbett, R. E. (2003). The Geography of Thought: How Asians and Westerners Think Differently ... and Why. New York: Free Press.

Martin, M.O., Mullis, I.V.S., Gonzalez, E.J., Smith, T. A., & Kelly, D. L. (1996). Science Achievement in the Middle School Years: IEA' Third International Mathematics and Science Study (TIMSS). Chestnut Hill, MA: TIMSS & PIRLS International Study Center, Boston College. Retrieved from https://timssandpirls.bc.edu/timss1995i/SciencB.html

Martin, M.O., Mullis, I.V.S., Gonzalez, E.J., Gregory, K. D. Smith, T. A., Chrotowski, S. J., Garden, R. A., & O'onnor, K. M. (2000).TIMSS 1999 International Science Report. Chestnut Hill, MA: TIMSS & PIRLS International Study Center, Boston College. Retrieved from https://timssandpirls.bc.edu/timss1999i/science_achievement_report.html

Martin, M.O., Mullis, I.V.S., Gonzalez, E.J., & Chrostowski, S.J. (2004).TIMSS 2003 International Science Report. Chestnut Hill, MA: TIMSS & PIRLS International Study Center, Boston College. Retrieved from https://timssandpirls.bc.edu /timss2003i/intl_reports.html

Martin, M.O., Mullis, I.V.S., Foy, P., & Stanco, G.M. (2012). TIMSS 2011 International Results in Science. Chestnut Hill, MA: TIMSS & PIRLS International Study Center, Boston College. Retrieved from https://timssandpirls.bc.edu/timss2011/international-results-science.html

Martin, M. O., Mullis, I. V. S., Foy, P., & Hooper, M. (2016). TIMSS 2015 International Results in Science. Retrieved from Boston College, TIMSS & PIRLS International Study Center. Retrieved from http://timssandpirls.bc.edu

/timss2015/ international-results/.

Organisation for Economic Co-operation and Development. (2003). Knowledge and Skills for Life: First Review from PISA 2000. Paris: OECD Publications.

Organisation for Economic Co-operation and Development. (2001). Literacy Skills for the World of Tomorrow-Further Results from PISA 2000. Paris: OECD Publications.

Oraganisation for Economic Co-operation and Development. (2005). PISA 2003 Technical Report. Paris: OECD Publishing. Retrieved from http://www.oecd.org/education/school/programmeforinternationalstudentassessmentpisa/35188570.pdf.

Oraganisation for Economic Co-operation and Development. (2016). PISA 2015 Results (Volume I): Excellence and Equity in Education, PISA. Paris: OECD Publishing. Retrieved from http://dx.doi.org/10.1787/9789264266490-en

Olson, J.F., Martin, M.O., & Mullis, I.V.S. (2008). TIMSS 2007 International Science Report. Chestnut Hill, MA: TIMSS & PIRLS International Study Center, Boston College. Retrieved from https://timssandpirls.bc.edu/TIMSS2007/techreport.html

Song, J. (2013). The disparity between achievement and engagement in students' science learning: a case of East-Asian regions. In D. Corrigan, R. Gunstone, & A. Jones (Eds.) Valuing Assessment in Science Education: Pedagogy, Curriculum, Policy, (pp. 285-306). Dordrecht: Springer Netherlands.

Uba, L. (1994). Asian Americans: Personality patterns, identity, and mental health. New York: Guilford Press.

CHAPTER 02

실행공동체 관점에서 동아시아 과학교실 들여다보기

나지연(춘천교육대학교)
송진웅(서울대학교)
정용재(공주교육대학교)

인간은 타인과 상호작용하면서 살아가고, 이러한 과정을 통해 개인뿐 아니라 공동체 자체가 성장하여 더 나은 능력을 갖추게 된다. 이러한 이유로 공동체를 통해 이루어지는 학습은 교육과 기업 분야에서 큰 관심을 받고 있다. 이러한 흐름 중 하나가 실행공동체(Community of Practice; CoP)이다. 이 장에서는 실행공동체의 개념과 발달 단계에 대해 알아보고, 비공식적 실행공동체 외에 지원받는 실행공동체, 구조화된 실행공동체 등 여러 종류의 실행공동체들을 살펴본다. 또한 실행공동체 관점으로 과학교실을 진단하기 위해 개발된 도구 SCaCoP을 소개하고, 그 도구를 통하여 얻게 된 한국 과학교실의 특징을 살펴본다. 이러한 연구 결과와 내용들을 바탕으로 하여 동아시아 과학교실을 위한 전략적 실행공동체 운영 방향을 제안한다.

2.1 '우리'와 '타인'의 영향력

인간은 상호관계 속에서 공존하며 살아간다. 이 상호관계 속에서 인간은 '우리'를 구성하고, 그것은 또 서로의 환경이 된다(장상호, 2002). 인간의 판단과 행동은 '우리'와 '타인'의 영향력에서 벗어나기 어려우며, 사회적 영향을 받을 수밖에 없다. 모두가 'Yes'라고 말하면, 나 혼자 'No'라고 말하기 어려운 것처럼,

집단의 의사 결정 과정에서 우리는 종종 집단사고(groupthink)를 하고 비합리적 결정을 내리기도 한다. 이처럼 '우리'와 '타인'의 영향력을 보여주는 사례와 개념들은 우리 주변에서 쉽게 찾을 수 있다. 예를 들면, 소득세 미납액을 회수하기 위해 정부에서 체납자들에게 "대다수의 국민들은 당신과 달리 세금을 잘 납부하고 있다."고 알리는 것이 그것인데, 이러한 것을 넛지(nudge)효과, 일명 옆구리 찌르기 전략이라고도 한다. 이 외에도 타인의 기분과 감정에 동조되는 감정전염(emotional contagion)이라든지, 타인을 통해 어려움을 극복하는 사회적 모방(social mimicry) 같은 다양한 사례들을 볼 수 있다(Bond, 2014).

'우리'와 '타인'의 영향력은 일상생활에서 겪는 소소한 문제에서만 드러나는 것이 아니다. 학습 또한 '우리' 속에서 혹은 '타인'과 함께하는 '공동체 참여'를 통해 이루어진다(Brown & Duguid, 1991; Lave & Wenger, 1991). 상황이나 문화 속에서 타인과 협력하고 상호작용하면서 인간은 성장하고 또 더 나은 능력을 갖추게 된다(Vygotsky, 1978; Cross et al., 2008). 교육 분야에서는 사회적 구성주의에 기반을 둔 학습이론이 강조되면서 협동학습(cooperative learning), 협력학습(collaborative learning) 같은 소집단 학습이 강조되어 왔으며, 이를 통해 공동체 기반 학습에 대한 관심이 증가하였다. 일례로 미국에서는 대학교육을 변화시키기 위해 다양한 학습공동체를 학부 교육에 도입하라고 권고한 보고서도 있었다(e.g. The Boyer Commission, 1998).

공동체에 참여함으로써 이루어지는 학습은 교육 분야뿐 아니라 기업 분야에서도 큰 관심을 받고 있다. 지식이 생산을 위한 주요 자원이 되는 지식경제사회가 도래하면서 공동체 참여를 통한 학습은 기업의 생존 문제와 직결되어 더욱 강조되었다. 특히 사람들의 협업과 집단지성을 통해 경제가 움직인다는 위키노믹스(wikinomics) 개념이 등장했다. 이 용어를 통해서도 볼 수 있듯이, 기업들은 집단지성, 집단창의성(Leadbeater, 2008; Surowiecki, 2005) 등의 개념에 관심을 가지고 이것들을 활성화하기 위해 노력해왔다. 이러한 흐름과 맥락을 같이 하여, 기업들은 공동체 참여를 통한 학습을 강조하는 '실행공동체'에 주목했고, 이에 대한 관련 사례를 발굴하거나 도입하고자 하였다(Wenger, 1998). 지식경제사회에서 경쟁의 우위를 차지하기 위해서는 지식을 창출할 수 있는 구성원들을 양성하고, 지식을 공유하는 문화를 구축하는 것이 무엇보다 중요하기 때문이다(최미나와 유영만, 2003).

2.2 실행공동체의 개념

실행공동체 개념은 Lave와 Wenger(1991)에 의해 도제교육, 상황학습, 합법적 주변 참여 등의 개념을 설명하면서 처음 소개된바, 주로 “동일한 관심사와 일련의 문제, 어떤 주제에 대한 열정을 공유하면서, 지속적으로 상호작용하는 과정을 통해서 이 분야에 대한 지식과 전문성을 좀 더 깊이 있는 것으로 만들어 가는 사람들의 집단”이라고 정의된다(Wenger et al., 2002, p. 4). 실행공동체는 <표 2.1>에 제시된 바와 같이, 다른 조직들과 여러 측면에서 다른 점이 있다. 실행공동체는 구성원들이 지식을 창출 · 확장 · 교환하고 개인의 능력을 개발하려는 목적으로 참여하는 공동체인 반면, 공식 부서나 운영 팀, 프로젝트 팀 등은 상품 산출이나 운영 및 관리와 같이 특정 과업 달성을 목적으로 하는 집단이다. 또한 공식 부서나 운영 팀과 달리 실행공동체는 구성원들의 자발적 참여를 전제로 한다. 따라서 집단의 경계가 불분명하다. 구성원들이 자발적으로 참여하고 경계도 불분명한 공동체이기 때문에 이 실행공동체를 유지하는 데에 강제성은 없다. 다만, 구성원들의 열정과 헌신, 실행공동체 구성원들과 실행공동체 내의 전문가(핵심인물)로부터의 인정 등이 공동체 유지에 영향을 미친다. 실행공동체는 조직의 구조조정이나 업무가 완료되는 것에 의해 존폐가 결정되는 것이 아니라 실행공동체 자체가 유기적으로 진화한다. 실행공동체 구성원들이 다루기에 적절한 주제가 있고, 상호학습의 가치가 유지되며, 구성원들이 흥미 있어 한다면 그 실행공동체는 계속해서 유지된다(Wenger et al., 2002).

실행공동체는 영역(domain), 공동체(community), 실행(practice)이라는 세 가지 구조적 요소를 가지고 있다. ‘영역’은 공통 기반(common ground)과 공통 정체성(sense of common identity)을 만드는 일련의 쟁점으로서, 실행공동체의 구성원들이 공통적으로 경험하는 핵심 문제를 뜻한다. ‘공동체’는 ‘영역’에 관심이 있는 사람들의 모임이며, 이 사람들은 해당 공동체 안에서 관계를 맺고 소통한다.

표 2.1 실행공동체와 다른 조직 간의 차이(Wenger et al., 2002, p.42)

	목적	구성원	경계	유지요인	존속기간
실행 공동체	지식의 창출, 확장, 교환, 개인의 능력 개발	주제에 대한 전문성이나 열정에 기반을 둔 자발적 참여	불명확	열정, 헌신, 집단과 집단의 전문가로부터의 인정	유기적으로 진화하고 사라짐(적절한 주제와 상호학습의 가치와 흥미가 있다면 계속 지속됨)
공식 부서	상품이나 서비스 산출	그룹 관리자에게 보고하는 모든 사람	명확	업무상의 요구와 공동의 목표	다음 구조 조정 때까지 지속됨
운영 팀	지속적 운영과 과정 관리	경영진이 배정한 사람	명확	운영에 대한 공유된 책임	운영이 필요할 때까지 지속됨
프로젝트 팀	특정 과업 달성	과업 달성에 직접적 역할을 가진 사람	명확	프로젝트의 목표와 중요단계	프로젝트가 완료되는 시점이 미리 정해져있음
관심 공동체	정보 수집	관심 있는 사람 누구나	불명확	정보에 대한 접근, 한마음이라는 생각	유기적으로 진화하고 사라짐
비공식 네트워크	정보 수집 및 전달, 인맥 형성	친구, 지인, 친구의 친구	비정의	상호 필요와 관계	시작과 끝 없음(사람들이 서로 기억하거나 연락하는 한 존재)

'실행'은 공동체 구성원들이 공유하고 발전시키는 아이디어, 도구, 정보, 스타일, 언어, 이야기, 문서 등을 말한다(Wenger et al., 2002). 특히 '실행'에는 '공동 업무'(joint enterprise), '호혜적 관여'(mutual engagement), '공동 자산'(shared repertoire)의 세 가지 차원이 있다(Wenger, 1998). 즉, 실행공동체의 구성원들은 서로 상호작용을 하며 협력적 관계를 형성하고 함께 일하며, 공유하는 이야기와 그들만의 스타일, 사건들을 가지고 있다.

예를 들어, A초등학교에 근무하는 교사들 중에 과학교육에 관심이 많은 몇몇 교사들이 자발적으로 함께 모여 과학교육과 관련된 여러 가지 생각을 나누고 교육 자료를 함께 제작하거나 공유하기도 하는 비공식적인 모임이 있다고 하자. 이들은 과학교육이라는 공동의 관심사를 가지고 함께 자료를 만들고 그 과정에서 학습을 한다. 이 모임이 지속되면서 그들만의 이야기, 역사와 같은 공동의 자산을 갖게 된다. 언제든 관심 있는 교사들은 이 모임에 참여할 수 있다. 이러한 모임을 바로 실행공동체라 말하는 것이다.

2.3 실행공동체의 발달

실행공동체는 발생한 후에 일정한 상태를 유지하는 것이 아니라 다양한 모습으로 진화한다. <그림 2.1>은 Wenger et al.(2002)이 제시한 실행공동체의 발달 단계 모형으로서, 보는 바와 같이 잠재기, 결합기, 성숙기, 관리기(유지기), 변형기의 다섯 단계로 구분할 수 있다.

Wenger et al.(2002)는 첫 번째 단계인 잠재기와 두 번째 단계인 결합기를 실행공동체 발달의 초기 단계로 명명하였다. 실행공동체는 처음부터 탄탄한 공동체로 만들어지는 게 아니다. 오히려 이미 존재하는 사회적 네트워크로부터 시작되는데, 이렇게 느슨한 네트워크로 시작되어 공통의 관심사들을 살펴보는 이 단계를 잠재기라고 한다. 이 단계의 핵심 이슈는 구성원들이 서로 연결되어 있다고 느끼는 구성원 사이의 공통 기반을 찾아내고, 구성원들의 기술, 전략, 이야기 등을 공유하는 것이 가치 있다는 사실을 인식하는 것이다. 즉, 유사한 문제에 직면한 사람들이 존재한다는 사실, 그리고 그들이 같은 주제에 대해 열정 혹은 관련 자료나 도구를 가지고 있으며, 서로에게 배울 수 있다는 사실을 아는 것이다. 따라서 이 단계에서는 지식을 공유하는 네트워크를 '발견'하고 그 네트워크 안

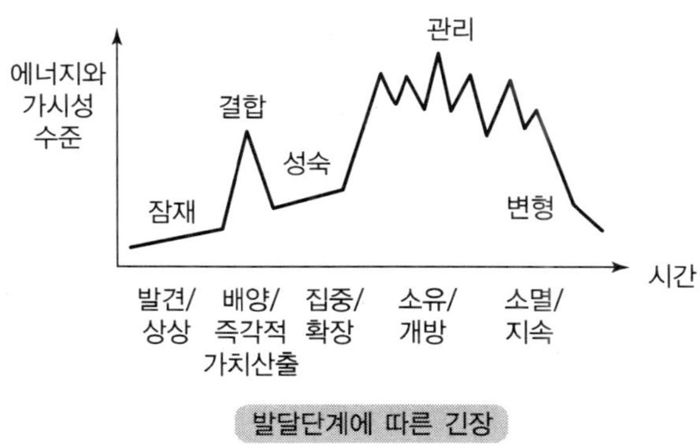

그림 2.1 실행공동체의 발달 단계(Wenger et al., 2002, p.69)

으로 새로운 아이디어를 가져올 수 있는 잠재력을 상상하는, '발견'과 '상상'의 균형이 필요하다.

잠재기를 지나면 두 번째 단계인 결합기로 들어선다. 첫 번째 단계에서는 구성원들이 자기들이 이미 갖고 있는 것들이 무엇인지 알게 되었는데, 두 번째 단계에서는 바로 그것을 공동체의 비전과 결합시키게 된다. 공동체는 이미 만들어져있었지만, 결합기에 들어서야 비로소 공동체의 기본 체제가 갖추어지는 것이다. 실행공동체는 사적 조직의 친목 활동 같은 정도가 아니라, 공동체 모임을 주최하는 것과 같이 조금 더 공식적인 활동을 시작하게 된다. 이 시기에는 구성원들이 서로 관계를 맺고, 신뢰하며, 공통의 관심사와 필요를 인식할 수 있는 활동을 하는 것이 중요하다. 또한 공동체 구성원들이 서로의 관계를 발전시키고자 하는 '요구'와 공동체의 가치를 보여줘야 한다는 '믿음' 사이의 균형이 중요하다.

세 번째 단계인 성숙기에 들어서면, 실행공동체는 공동체의 초점, 역할, 경계를 명확하게 한다. 이 단계에서는 최신 주제에 대한 '구성원들의 흥미에 초점을 맞추는 것'과 '새로운 구성원을 맞이하는 것' 사이에서 갈등하기도 한다.

네 번째 단계는 관리기 혹은 유지기라고 부르는데, 이 단계에 오면 공동체는 안정된 상태를 유지하게 된다. 이 단계의 핵심 이슈는 실행, 구성원, 기술, 조직과의 관계 등의 자연스러운 변화를 통해서 공동체의 추진력을 유지하는 것이다. 또한 이 단계에서는 실행공동체가 '소유'한 도구, 방법, 접근법을 발전시키는 것과 새로운 아이디어나 새로운 구성원들에게 공동체를 '개방'하는 것 사이에서 갈등을 경험하기도 한다.

관리기에서 경험하는 소유와 개방 사이의 고민은 마지막 단계인 변형기로 이어진다. 공동체의 경계가 확장되면 초점이 흐려질 위험이 있고, 새로운 구성원들은 공동체의 주제, 실행, 절차에 대해 소유하고 있다는 느낌을 덜 받게 된다. 반면 공동체의 경계가 봉쇄되면 생명력이나 활력을 잃게 된다. 다시 말해서, 이 단계에서는 공동체가 소멸하거나 다른 방식의 공동체로 변형되기도 하고, 재탄생되거나 새로운 성장단계로 되돌아가기도 한다. 이처럼 실행공동체는 다섯 가지의 단계를 거치며 성장하기도 하고 쇠퇴하기도 한다. 그러나 이러한 순서는 일률적으로 발생하는 것은 아니다.

실행공동체는 생겨난 후 앞에서 제시한 바와 같이 다양한 모습으로 진화한다. 이때 좀 더 활기찬 공동체를 설계하고 유지하려면 어떤 방법을 써야 할까? 어떻게 해야 실행공동체가 자연스럽게 발전할 수 있도록 계획을 세울 수 있을까? Wenger et al.,(2002)에 따르면, 앞에서 말한 것처럼 실행공동체는 기존의 개인적 네트워크를 기반으로 자연스럽게 만들어지는 것이기 때문에 처음부터 창조하는 것보다는 진화를 돕고, 그에 대해 촉매제 역할을 하는 것이 중요하다. 또한 공동체 구성원들의 관심과 의견을 살피면서, 외부의 정보와 연결시키는 과정이 필요하다. 그 다음으로, 실행공동체에 참여하는 사람들의 참여 수준이 중심 집단이나 주변인처럼 다양할 수 있다는 것을 인식하고, 다양한 참여 수준의 구성원들이 활발히 참여할 수 있는 수준별 방안을 고민해야 한다. 공적 공간뿐 아니라 사적 공간 또한 준비되어야 한다. 즉, 회의와 같은 공적인 부분 이외에 구성원간의 친밀감과 소속감을 느낄 수 있도록 사적 소통이 가능한 공간과 시간이 마련될 필요가 있다는 것이다.

실행공동체의 참여는 자발적으로 이루어지는 경우가 대부분이기 때문에 구성원의 참여를 이끄는 공동체의 가치가 무엇보다 중요하다. 그러나 이러한 가치는 공동체 형성 초기부터 명확하게 드러나거나 정해지지 않으며, 구성원들이 쉽게 인식하기도 어렵다. 따라서 실행공동체를 유지 · 발전시키기 위해서는 공동체의 가치에 집중할 필요가 있고, 공동체 구성원들이 가치에 집중하고, 쉽게 접근할 수 있는 기회를 마련해야 한다.

일반적으로 우리는 반복적인 일상에 지루함을 느끼기도 하고, 친숙하기 때문에 안정감을 느끼기도 하는데, 실행공동체를 운영할 때에도 마찬가지이다. 따라서 실행공동체는 친숙해서 안정감을 느끼는 분위기를 제공해야 하며, 이와 동시에 새로운 아이디어를 제공할 수 있는 다양한 행사를 마련하여 흥미를 끌고, 또 새로운 구성원이 유입되도록 노력할 필요가 있다. 마지막으로 공동체 구성원들에게 적합한 리듬을 찾아야 한다. 행사가 많고 일정이 빡빡하여 숨 쉴 틈 없이 공동체가 운영되면, 사람들은 거기에 압도되어 공동체에 참여하는 것을 멈추게 된다. 또한 이러한 활동이 느리게 이루어져도 구성원들은 흥미를 잃고 공동체 활동을 하지 않게 된다.

2.4 실행공동체의 변형

실행공동체 개념이 제안된 초기에는 자발적이고 비공식적인 성격이 강조되었으나(Wenger & Snyder, 2000), 근래에는 지식경제사회에서 살아남기 위해 전략적으로 실행공동체를 조직하고 지원해야 한다는 주장이 등장하였다(Storck & Hill, 2000). 아울러 전략적이고 공식적으로 실행공동체를 생성하고 지원하는 사례가 늘어났다(이홍재와 한수영, 2013).

Saint-Onge & Wallance(2003)는 실행공동체를 비공식적 실행공동체, 지원받는 실행공동체, 구조화된 실행공동체로 구분하여 그 특징을 기술하였다. <표 2.2>에 나타난 바와 같이 '비공식적 실행공동체'는 전통적인 실행공동체 개념(Wenger, 1998)에 충실한 공동체로서, 자생적으로 발달하고 공식적 후원이 없으며 구성원들의 자발적인 참여로 운영된다. 이에 반해 지원받는 실행공동체와 구조화된 실행공동체는 공식적 실행공동체라 할 수 있으며, 기업 현장에서 이 두 공동체를 명확하게 구분하기는 어렵다(장원섭 등, 2009). 먼저 '지원받는 실행공동체'는 공동체 참여 측면에서 보면 비공식적 실행공동체에 비해 강제적이다. 자발성과 강제성이 혼재된 상태로 운영되며, 따라서 내적 보상뿐만 아니라 외적 보상도 주어지게 된다. 또한 어떠한 사업 목적을 실현하기 위해 만들어졌기 때문에 정기적으로 만난다. 이 공동체는 스스로 참여하는 사람, 관리자의 제안이나 공동체 구성원의 초대에 의해 참여하는 사람 등으로 구성된다. 예를 들어, A초등학교에서 교사들의 교수역량을 증진시킬 목적으로, 관심 있는 주제에 따라 공동체를 구성하면 활동 지원금을 제공하는 제도를 만들었다 하자. 이때, 어떤 교사들은 전부터 이미 과학교육에 관심을 가지고, 정보를 교류하며 친분을 쌓는 모임을 갖고 있었다. 그 교사들은 이 제도를 통해 지원금을 받으면서 공동체 활동을 유지하게 된다. 이것을 보고 수학교육에 관심을 가지고 있었던 몇몇 교사들이 구성원을 모집하여 공동체를 꾸린다. A초등학교는 이 두 모임에 지원금을 제공하면서, 학년말에 각 모임별 결과물을 제출하게 하였다. 이러한 교사모임들이 바로 공식적 실행공동체이자 지원받는 실행공동체이다.

'구조화된 실행공동체'는 지원받는 실행공동체보다 훨씬 더 강제적이다. 사업 목적을 달성하기 위해 자격과 조건을 갖춘 사람들을 조직적으로 선발하여 공동체를 구성하기 때문이다. 공동체는 매우 잘 공개되어 있으며, 구성원들은 대부분 외적 보상에 의존한다. 따라서 사업 목적이 달성되거나 종료되면 공동체도 폐기된다. 예를 들어, A초등학교에서 다양한 분야의 경험과 능력을 갖춘 부장교사들을 모아 중장기 학교발전방안을 구상하게 하였다. 이들은 해법을 찾기 위해 노력하고 소속감과 책임감을 가지고 효율적으로 일한다. 학교에서는 공동 작업을 지원하기 위해 학교 예산을 투입한다. 그리고 중장기 학교발전방안이 도출되면, 즉 목적을 성취하면 이 공동체는 폐기된다. 이러한 모임이 바로 구조화된 실행공동체이다.

이렇게 실행공동체를 공식화할 경우, 공동체의 운영과 활동을 예측할 수 있고 효율적으로 공동체를 지원할 수 있다. 그러나 공식화 수준이 높아지면 오히려 공동체의 창의성과 적극성이 떨어지게 될 수도 있다(김호섭 등, 2002).

표 2.2 실행공동체 특성(Saint-Onge & Wallace, 2003, pp.36-37; Jeon et al., 2011, p.253)

	비공식적 실행공동체	공식적 실행공동체	
		지원받는 실행공동체	구조화된 실행공동체
목적	그들의 실행에 관심이나 필요성이 있는 사람들을 위한 토론회 제공	주어진 사업이나 역량 분야에 대한 지식과 능력 구축	공동의 목표를 가진 구성원을 위한 다기능 플랫폼 제공
구성원 자격	자체 참여 또는 동료 초대	자체 참여, 구성원의 초대, 관리자의 제안	선발기준 있음, 후원자나 구성원의 초대
후원	공식적 후원이 없음	1명 이상의 관리자가 후원함	사업단이나 고위관리가 후원함
권한	구성원에 의해 공동으로 규정함	구성원과 후원자에 의해 공동으로 규정함	구성원이 지지하고 후원자가 규정함
진화	자생적 발달	후원자와 구성원에 의해 함께 결정된 유목적적 발달	사업목적과 목적에 대한 지지를 기반으로 조직적으로 결정된 발달
주요 성과	개인 역량 개발, 구성원에게 유용한 지식의 체계화, 조직 내 신뢰도 및 협업 수준의 향상, 재능 유지 능력 향상	조직의 지식 공유 및 구축, 조직 목표 달성과 관련된 역량 개발, 조직의 부서 간 협업 강화	조직 전체에 걸쳐 실행공동체의 체계적 조직화, 실행 속도, 기업 전체 차원의 지지, 창조적인 통합 해법, 조직 구조의 효율성 강화, 시장 요구에 대응하는 능력

표 2.2 (연결)

	비공식적 실행공동체	공식적 실행공동체	
		지원받는 실행공동체	구조화된 실행공동체
의무	공식적 의무가 없음	사업 목적의 실현에 기여	목적 달성을 위해 구체적 목표에 따라 책임 구조의 일부분을 형성
조직적 지원	실행공동체에 대한 일반적 지지, 표준 협업 도구의 제공	자원과 참여 측면에서 자유재량으로 경영 지원, 도구와 편리성 지원	조직부서와 동일 기반과 자격으로 조직 지원, 사업 계획의 일환으로 예산 할당
기반 시설	직접 접촉은 면대면으로 가장 많이 함, 간접 접촉을 위한 의사소통 방법을 가지고 있음	협업 도구 사용, 정기적으로 면대면 만남을 함	공동 작업을 지원하기 위해 정교한 기술 인프라를 사용하고, 공동체에서 생성된 지식을 저장함
가시성	상당히 자연스러움, 의식하지 못할 수도 있음	공동체가 기여한 것으로부터 영향을 받은 동료에 의해 공개될 수 있음	조직에 매우 잘 공개됨
동기 부여	순전히 자발적임	자발성과 강제성이 혼합됨	대부분이 강제적임
보상	대부분 내적 보상에 의존함(예: 즐거움과 상호신뢰)	내적·외적 보상 혼합	대부분 외적 보상에 의존함(예: 경영진으로부터의 인센티브)
존속 주기	상대적으로 김	중간	종종 짧음

2.5 실행공동체로서의 과학교실 진단: SCaCoP의 개발과 특징

<표 2.1>에 제시된 내용에서 알 수 있듯이, 실행공동체는 초창기에 주로 기업 관련 연구에서 주목받았다. 우리나라에서도 1999년부터 기업 관련 연구가 시작되었으며, 2000년대 중반 이후부터는 공무원과 공공기관 관련 연구가 이루어지고 있다(정용재와 천은겸, 2014). 국내 실행공동체 관련 연구들의 동향을 분석한 정용재와 천은겸(2014)의 연구결과에 따르면 <표 2.3>과 같이 기업과 교육 관련 연구가 많았으며, 학교교육 관련 연구는 24편(29.1%)으로 나타났다. 특히 학교교육 관련 연구는 교사 대상 연구가 가장 많았고, 2005년 이후 연구되기 시작하였다.

표 2.3 국내 실행공동체 관련 연구 분야 현황(정용재와 천은겸, 2014)

연구 분야 (대상)	학교교육				기업	공무원 및 공공 조직	지역 공동체/ 평생 교육	가상/ 온라인 공동체	기타	합계
	초중고 학생	그 외 학생	교사	학교 전체						
빈도 (%)	5 (6.3)	6 (7.6)	8 (10.1)	5 (6.3)	27 (34.2)	16 (20.3)	6 (7.6)	5 (6.3)	1 (1.2)	79 (100)

최근에는 과학교육 분야에서 이루어진 실행공동체 관련 연구들도 점차 증가하고 있다. 예를 들면, 교사 대상 실행공동체적 관점에서 본 과학의 본성에 대한 이해나 과학 교수 실행 향상을 꾀하는 연구들을 들 수 있다(e.g., Akerson, Cullenm, & Hanson, 2009; Lotter, Yow, & Peters, 2014). 우리나라 연구 중에는 과학중점고등학교를 실행공동체적 관점에서 살펴봄으로써, 학교 수준의 전략적 실행공동체 설정이 가능한지 그 적용 가능성을 탐색하는 김진희 등(2017)의 연구가 있었다. 또한 이민주와 김희백(2016)은 과학고등학교 학생들이 R&E 과정에 참여할 때 드러나는 실행을 실행공동체적 관점에서 해석하였다.

최근의 과학교육 분야 연구들은 실행공동체를 자발적이고 비공식적인 공동체(Wenger & Snyder, 2000)로 정의하는 초기 관점에서 벗어나, 의도적이고 전략적인 공동체까지 실행공동체로 보는 관점을 채택하는 경우가 증가하였다(김진희 등, 2017; 천은겸 등, 2015; Strok & Hill, 2000; 이홍재 등, 2013; 강황선과 함진, 2009). 즉, 의도적으로 구성된 과학수업이나 과학교실 공동체를 실행공동체의 관점으로 접근하고 해석하는 것이다(천은겸 등, 2015).

그렇다면 과학교실 공동체가 실행공동체적인 특성을 가지고 있는지를 어떻게 알 수 있을까? 이에 대해 천은겸 등(2015)은 실행공동체 관점에서 과학 교실문화를 분석하기 위한 조사도구를 개발하였다. 이 도구를 SCaCoP(Science Classroom as Community of Practice)이라고 부른다. 도구의 개발과정을 살펴보면, 우선 선행연구, 관련 문헌, 기 개발된 실행공동체 조사도구들을 분석하여 실행공동체의 영역(domain), 공동체(community), 실행(practice)이라는 세 가지 구조적 요소를 파악하였다. 그리고 '영역'에서는 '목적 공유', '공동의 책무성', '공통의 관심사'를, '공동체'에서는 '인간관계', '호혜성', '참여', '상호작용'을, '실행'에서는 '산출물'과 '실천양식'을 하위 항목으로 도출하여, 항목별 세부 문항을 제작하였다. 기 개발된 실행공동체 조사도구들은 대부분 기업이나 공공기관의 실행공동체를 대상으로 하였기 때문에, 그 사용된 용어와 내용을 과학교실 상황에 맞게 수정하였다. 그 후 내용타당도, 표현의 적절성, 용어의 적절성 및 명확성 검토를 실시하여 문항 수정과정을 거쳤다. 예비조사는 초등학교 4학년, 6학년, 중학교 2학년 학생 총 219명을 대상으로 실시하였고, 탐색적 요인분석과 신뢰도 검증(Cronbach's α=.939)을 통해 문항을 확정하였다.

탐색적 요인분석 결과에서는 '영역', '공동체', '실행'이라는 세 가지 구조적 요소 중, '영역' 과 '공동체'를 각각 2개의 요인으로 구분해야 할 필요성이 나타났다. 이에 <표 2.4>와 같이 '학습책임감(responsibility for learning)', '공동의 관심사(common interest)', '호혜적 인간관계(Mutual relationships)', '개방적 참여(open participation)', '실행(practice)'의 총 5개 요인으로 실행공동체의 구조적 요소를 설정하게 되었다. 이러한 과정을 통해 개발된 실행공동체 기반 과학교실 조사도구(SCaCoP)는 <표 2.5>와 같으며, 총 27개의 문항(5점 Likert 척도)으로 이루어져 있다.

표 2.4 실행공동체의 구조적 요소

요소	
Wenger et al.,(2002)	천은겸 등(2015)
영역	학습책임감
	공동의 관심사
공동체	호혜적 인간관계
	개방적 참여
실행	실행

표 2.5 실행공동체 기반 과학교실 조사도구 SCaCoP의 요인들과 설문문항

요인	번호	설문문항
학습 책임감	1	나는 과학수업에 책임감을 가지고 열심히 활동한다.
	2	나는 과학수업에서 하는 활동이 잘 되려면 우리 반 모두의 노력이 필요하다고 생각한다.
	3	나는 과학수업을 왜 해야 하는지 잘 이해하고 있다.
	4	나는 과학수업에서 중요하게 다루어야 하는 부분과 그렇지 않은 부분을 잘 구분할 수 있다.

표 2.5 (연결)

요인	번호	설문문항
공동의 관심사	5	나는 우리 반 친구들이 과학수업에 책임감을 가지고 열심히 참여한다고 생각한다.
	6	나는 우리 반 친구들이 공동의 목표를 가지고 과학수업에 참여한다고 생각한다.
	7	우리 반 과학수업은 내가 평소에 하고 싶어 하는 것을 주로 다룬다.
	8	우리 반 과학수업은 친구들이 공통적으로 관심 있어 하는 문제들을 중요하게 다룬다.
	9	우리 반 과학수업은 친구들의 관심에 따라 영향을 받거나 변하기도 한다.
호혜적 인간관계	10	우리 반 친구들은 같은 반이라는 생각이 강하고 우리 반을 자랑스러워한다.
	11	우리 반 친구들은 서로 잘 알고 친하게 지낸다.
	12	우리 반 친구들은 서로에게 알려주는 과학 정보나 자료를 믿는다.
	13	우리 반은 과학수업시간에 친구들끼리 서로 도움을 주고받는다.
	14	우리 반은 과학수업에서 자신의 지식이나 자료를 친구들과 적극적으로 나눈다.
개방적 참여	15	나는 과학수업이 잘 이루어지는 것이 우리 반 친구들 각자에게 도움이 된다고 생각한다.
	16	선생님은 우리 반 친구들이 골고루 과학수업에 참여하게 하신다.
	17	우리 반은 과학수업에서 선생님이나 몇몇 학생의 의견만 따르지 않고 여러 친구들의 다양한 의견을 존중한다.
	18	우리 반 친구들은 스스로 과학수업에 열심히 참여한다.
	19	우리 반은 과학수업에서 의견이 서로 다르더라도 토론이나 의논 등을 통해서 해결한다.
	20	우리 반은 과학수업에서 자유롭게 자신의 생각을 주고받을 수 있다.
	21	우리 반은 과학수업에서 친구들의 다양한 능력과 특성을 인정해준다.
	22	우리 반은 과학수업에 참여하면서 함께 과학지식이나 결과물을 만든다.
실행	23	우리 반은 과학수업을 통해 만든 과학지식이나 결과물을 다른 사람과 나눈다.
	24	우리 반은 과학수업을 통해 얻은 과학지식이나 경험을 다른 데에 활용한다.
	25	우리 반 과학수업에는 다른 반에서 볼 수 없는 우리만의 분위기나 스타일이 있다.
	26	우리 반 과학수업에서 사용되는 규칙은 선생님뿐만 아니라 우리 모두가 서로 이야기하여 정한 것이다.
	27	우리 반은 과학수업이 잘 이루어졌는지 판단할 수 있는 특별한 방법을 가지고 있다.

2.6 실행공동체 관점에서 본 한국 과학교실의 특징

실행공동체 관점에서 한국의 과학교실을 살펴보면 어떠한 특징을 가지고 있을까? SCaCoP을 활용하여 우리나라 초등학교 과학교실의 특징을 조사한 결과에 따르면(천은겸 등, 2015), 상대적으로 '학습책임감'은 높았으나 '공동의 관심사'와 '실행' 점수는 낮았다. 천은겸 등(2015)은 서울과 경기도 소재 초등학교 4, 6학년 학생 총 706명을 대상으로 과학교실의 특징을 조사하였다. '학습 책임감', '공동의 관심사', '호혜적 인간관계', '개방적 참여', '실행'의 5개 구조적 요인별 응답을 분석한 결과를 보면, <표 2.6>에 제시된 것처럼, '학습책임감'이 4.01, '공동의 관심사'가 3.51, '호혜적 인간관계'가 3.77, '개방적 참여'가 3.80, '실행'이 3.48이다. 상대적으로 '학습책임감' 점수가 높았고, '실행' 점수가 낮았다. 이를 통해 우리나라 서울 및 경기 소재 초등학교의 과학교실 공동체는, 학습 자체에 대해서는 높은 책임감을 가지고 있지만, 학급 구성원들이 과학수업에 참여하면서 정보를 공유하고 그들만의 이야기를 만들며, 호혜적으로 관여하는 협력적 관계를 형성하는 데에는 인식이 낮다는 것을 알 수 있다.

학년에 따른 특징은 <표 2.7>에 나타나 있다. 5개 요인에서 모두 4학년 학생들의 응답이 6학년 학생들의 응답보다 높게 나타났으며, 특히 '학습 책임감', '공동의 관심사', '개방적 참여'에서 이 차이는 통계적으로 유의하였다($p<.01$). 즉, 4학년 학생들은 6학년 학생들보다 과학 학습에 대한 책임감을 강하게 느끼고 있었으며, 자유롭고 개방적으로 참여하고 있었다. 과학수업도 학급구성원들이 공통적으로 관심 있어 하는 문제를 다루고 있었음을 알 수 있다. 반면, <표 2.8>에 제시된 바와 같이 성별에 따른 분석에서는 통계적으로 유의한 차이가 나타나지 않았다.

표 2.6 초등학교 과학교실의 실행공동체 요인별 특성

요인	M	SD
학습책임감	4.01	.62
공동의 관심사	3.51	.66
호혜적 인간관계	3.77	.70
개방적 참여	3.80	.65
실행	3.48	.70

표 2.7 학년에 따른 과학교실 공동체 특성(천은겸 등, 2015, p.137) (*p<.05, **p<.01)

요인	학년	N	M	SD	t	p
학습책임감	4	360	4.08	.62	2.973	.003**
	6	341	3.94	.62		
공동의 관심사	4	350	3.59	.68	3.158	.002**
	6	338	3.43	.63		
호혜적 인간관계	4	352	3.79	.74	.704	.482
	6	339	3.75	.67		
개방적 참여	4	352	3.90	.64	4.023	.000**
	6	339	3.70	.64		
실행	4	358	3.48	.70	.161	.872
	6	337	3.48	.71		

표 2.8 성별에 따른 과학교실 공동체 특성(천은겸 등, 2015, p.138) (*p<.05, **p<.01)

요인	성별	N	M	SD	t	p
학습책임감	남	357	4.00	.62	−.481	.625
	녀	340	4.02	.63		
공동의 관심사	남	354	3.51	.67	−.112	.320
	녀	332	3.51	.64		
호혜적 인간관계	남	353	3.77	.71	.069	.985
	녀	334	3.77	.70		
개방적 참여	남	349	3.78	.65	−1.086	.778
	녀	338	3.83	.65		
실행	남	353	3.47	.70	−.214	.682
	녀	339	3.49	.70		

과학교육 연구들을 살펴보면, 학년이 올라갈수록 과학에 대한 흥미와 과학적 태도가 낮아지는 경향이 있다(김수연과 김효남, 2012). 천은겸 등(2015)의 연구에서 나타난 바와 같이, 학년이 올라가면 SCaCoP 점수가 낮아진다. 즉, 과학교실 공동체의 실행공동체적 특징이 부정적 방향으로 변하는 것이다. 그렇다면 학교 과학교실이 실행공동체적 특성을 갖게 할 방법은 없을까? 과학교육에 긍정적 변화를 일으킬 방법은 없을까? 우리나라의 교육 여건 상, 학생들이 자발적으로 교육 관련 실행공동체를 형성하고 운영하기는 쉽지 않다. 이를 통해 교육적 효

과를 얻기는 더더욱 어렵다. 따라서 실행공동체의 장점을 교육에 도입하고자 한다면, 앞서 <표 2.2>에서 제시한 것처럼 의도적으로 실행공동체를 조직하고 또 공식적으로 지원할 필요가 있다.

이에 김진희 등(2017)은 과학중점학교, 즉 학습의 사회적 측면을 강조하여 의도적으로 교육과정을 편성·운영하고 또 공식적으로 지원을 받은 과학중점학교의 사례를 실행공동체의 관점으로 살펴보았다. 또한 과학중점학교에 대해 학생들이 인식하고 있는 실행공동체적 특성을 조사함으로써 과학교육을 위한 전략적 실행공동체 구성 가능성을 탐색하였다. 이를 위해 교육부의 과학중점학교 운영평가에서 3년 평균 우수등급을 받은 학교 중 14개를 선정하여 학교의 교육자료 및 문서를 수집하고, 1-2학년 학생 총 1,598명의 SCaCoP 응답을 분석하였다.

과학중점학교는 일반계 고등학교 학생들을 대상으로, 과학에 대한 흥미를 유발하고 다양한 과학 학습 기회를 제공하여 융·복합형 인재 양성을 목적으로 운영되고 있다. 과학중점학교에는 일반계 고등학교에 흔히 있는 인문과정 및 자연과정 이외에도 과학중점과정이 운영된다. <표 2.9>는 과학중점학교의 과학중점과정 학생들이 이수하는 교육과정 편성 내용을 제시한 것이다. 이 학생들은 일

표 2.9 과학중점학교 과학중점과정 학생들의 교육과정 편성 내용(김진희 등, 2017, p.171)

학년	구분	내용
2~3학년 과학중점 과정*	보통교과 (일반과목)	· 수학 4과목(수학Ⅰ·Ⅱ, 미적분Ⅰ·Ⅱ, 기하와 벡터 등) 이상 이수 · 과학 8과목(물리 Ⅰ·Ⅱ, 화학 Ⅰ·Ⅱ, 생명과학 Ⅰ·Ⅱ, 지구과학 Ⅰ·Ⅱ) 필수 이수
	심화과목	· 심화과목 1과목 필수 이수 · 과학교과 심화과목명: 고급물리, 물리실험, 고급화학, 화학실험, 고급생명과학, 생명과학실험, 고급지구과학, 지구과학실험, 환경과학, 과학사 및 과학철학, 정보과학, 과제연구 등
	특별교과Ⅱ	· '과학융합' 과목(과학·수학을 인문, 사회, 역사, 예술 등의 타 분야와 결합한 융합적 성격의 과목으로, 과학커뮤니케이션의 이해, 문학과 예술 속의 과학, 과학과 경제, 과학과 지리 등 인문학적 소양을 함양할 수 있는 내용으로 구성)
	과학·수학 체험활동	· 과학탐구과정, 프로젝트 연구 활동 등 학생의 과학·수학 관련 창의성 및 문제해결력을 충분히 발휘할 수 있도록 계획하고 운영함.

* 과학중점과정 학생은 1학년부터 3학년까지 전체 이수 과목에서 과학·수학 과목 이수 비율이 45% 이상 되어야 함.

반계 고등학교의 자연과정보다 과학·수학 교과를 더 많이 이수해야 하며, 학교는 이들에게 과학·수학 관련 체험활동을 다양하게 제공하고 있다.

과학중점학교 학생들의 ScaCoP 점수 분포를 비교해본 결과, <그림 2.2>에 나타난 바와 같이 '학습책임감', '공동의 관심사', '호혜적 인간관계', '개방적 참여', '실행' 등 5개 모든 요인에서 과학중점과정 학생들의 점수가 가장 높고 균형이 잡혀 있었다. 특히, <표 2.10>에 제시된 바와 같이, 과학중점과정 학생들의 응답이 인문과정이나 자연과정 학생들의 응답보다 통계적으로 유의미하게 높은 점수를 나타냈다(p<.01). 또한 <그림 2.2>에 나타난 바와 같이, 1학년 학생집단의 SCaCoP 요인별 점수도 인문과정이나 자연과정보다 높게 나타났는데, 과학중점학교에서는 1학년 때 과학 블록타임제, 과학캠프, 동아리 활동, 프로젝트 연구활동, 과학·수학 체험활동을 필수적으로 운영하고 있다. 즉, 특별히 과학에 관심을 가지는 학생들로 이루어진 공동체가 아니더라도 교육과정을 어떻게 구성하느냐에 따라 과학교실의 실행공동체적 특성을 향상시킬 수 있음을 보여준다.

14개 과학중점학고의 운영보고서를 살펴본 결과, 과학캠프, 과제연구발표대회, 동아리 활동, 자율연구 활동 등 주로 공동체를 구성하고 참여하는 과학·수학체험활동을 운영하고 있었다. 즉, 과학중점학교들은 공동체 활동이 적극적으로 일어나게 하는 교육과정을 전략적이고 의도적으로 운영하였으며, 이로 인해 과학수업과 학교 과학교육의 변화가 발생했다고 볼 수 있다. 특히 과학중점학교에서 운영되고 있는 과학교육 활동 중 자신에게 긍정적인 영향을 끼친 활동이 무엇인지 조사한 결과, 2학년 과학중점과정 학생들은 실험, 과학·수학체험활동, 과제연구, R&E, 과학 동아리 등과 같이 구성원 간의 상호작용과 협력이 필요한 공동

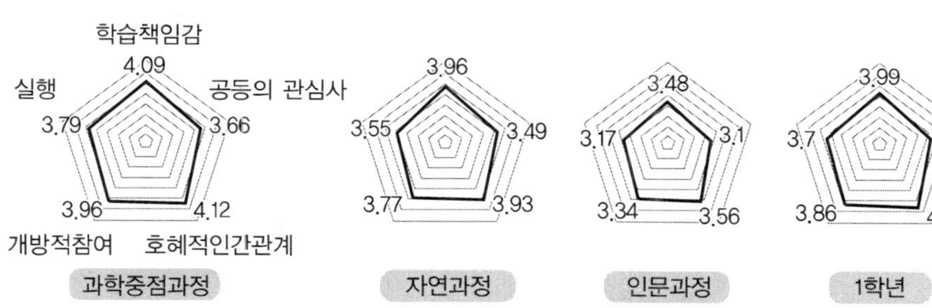

그림 2.2 과학중점학교 학생들의 SCaCoP 점수 분포(김진희 등, 2017, p. 173)

표 2.10 과학중점학교의 과정별 SCaCoP 점수 비교(김진희 등, 2017, p. 173)(***p 〈 .001)

요인	과정	N	M	SD	F
학습책임감	과학중점과정	435	4.09	.58	99.02***
	자연과정	326	3.96	.66	
	인문과정	418	3.48	.73	
	전체	1179	3.84	.71	
공동의 관심사	과학중점과정	435	3.66	.68	61.80***
	자연과정	326	3.49	.75	
	인문과정	418	3.10	.79	
	전체	1179	3.41	.78	
호혜적 인간관계	과학중점과정	435	4.12	.64	76.73***
	자연과정	326	3.93	.68	
	인문과정	418	3.56	.70	
	전체	1179	3.87	.72	
개방적 참여	과학중점과정	435	3.96	.63	89.81***
	자연과정	326	3.77	.68	
	인문과정	418	3.34	.74	
	전체	1179	3.69	.73	
실행	과학중점과정	435	3.79	.72	71.93***
	자연과정	326	3.55	.79	
	인문과정	418	3.17	.78	
	전체	1179	3.50	.81	

체 활동이 포함된 교육활동들이라고 응답하였다(표 2.11 참조). 또한 과학중점과정의 과학교육활동이 자기주도적 학습, 학습성과의 공유, 동료와의 협력 등에 긍정적이라고 응답하였다. 이러한 결과는 학교 과학교실도 충분히 실행공동체적 특성을 가질 수 있음을 보여준다. 따라서 과학교육에서 실행공동체의 교육적 효과를 얻고 싶다면, 전략적 실행공동체를 형성할 필요가 있다. 학교 차원에서 의도적으로 교육과정을 개발한 후, 전략적으로 교수학습활동을 구성하여 실천해야 할 것이며, 물리적 환경을 조성하고 학생을 구성하는 등에 있어 행·재정적 지원도 뒷받침되어야 할 것이다. 다만, 전략적 실행공동체에 대한 비판과 우려의 시각을 가진 연구들도 있다(예, 최은희와 권대봉, 2007). 이들의 우려는 전략적 실행공동체의 운영은 구성원들의 자발성과 능동적 학습을 저해한다는 것이다.

표 2.11 긍정적 영향을 미친 과학교육활동(김진희 등, 2017, p. 177)

과학교육활동	빈도수	과학교육활동	빈도수
실험	67 (27.8%)	프로젝트	5 (2.1%)
과학 · 수학 관련 체험활동	57 (23.7%)	과학 8개 과목 이수	5 (2.1%)
과제연구(탐구활동)	37 (15.4%)	특별교과	4 (1.6%)
R&E	28 (11.6%)	전문가 강연	3 (1.2%)
과학동아리	24 (8.7%)	심화과목	2 (0.8%)
과학관련 대회	6 (2.5%)	기타	6 (2.5%)

따라서 전략적 실행공동체를 형성 · 운영하고자 한다면, 의도와 전략이 공식화되었을 때 겪게 될 긍정적인 측면과 부정적인 측면 모두를 고려해야 한다(정용재와 천은겸, 2014).

2.7 동아시아 과학교실을 위한 전략적 실행공동체 운영 방향 제안

인간은 '우리'와 '타인'의 영향을 받으며 살아간다. '우리'와 '타인'의 영향은 소소한 일상부터 학습이나 기업의 운영까지 우리가 사는 모든 곳에서 나타난다고 해도 과언이 아니다. 그런데 '우리'라는 개념과 그 영향이 모든 사람들에게 동일할까? 실제로 캐나다인들은 '우리'라고 할 때 상대와 나의 유사성으로 인식하는 반면, 한국인들은 하나됨, 동일성, 집합성으로 인식한다. 한국인들은 '나'라는 존재 자체에 따르기보다, 내가 어느 '우리'에 속하는가에 따라 행동과 생각을 결정하게 된다(최상진, 2012). 이와 같이 문화권이 다르면 세상을 이해하는 내용, 사고방식, 사고과정도 다르고, 그에 따른 결과로 나타나는 사람들의 생각과 행동도 당연히 다르다(Nisbett, 2003). 동서양의 문화를 연구해온 많은 학자들의 연구결과를 살펴보면 이러한 차이를 쉽게 찾을 수 있다. 예를 들어, 한국, 대만, 싱가포르, 홍콩, 일본 등 유교전통문화권(Confucian Heritage Culture)인 동아시아 지역은 가족, 직장 동료, 친구가 개인보다 중요한 집단주의 혹은 집합주의 문화를 가지고 있고, 미국, 캐나다, 호주, 영국, 네덜란드 등은 개인주의 문화를 가지고 있다(조긍호, 2007). 개인주의 문화권에서는 자기중심적으로 정서를 표출하도록 교육받지만, 집합주의 문화권에서는 타인중심적으로 정서를 표현하도록 교육받고 겸손과 양보가 미덕이라고 믿는다(최상진, 2012). 이처럼 동·서양에는 여러 가지 문화적 차이가 존재한다(Gerber & Williams, 2002; Nisbett, 2003; Tobin & Roth, 2007).

물론 동아시아 지역 내에도 문화적 차이가 존재하지만 동서양이라는 이분법적 논의를 먼저 하는 이유는 동양 내의 문화 차이보다 동서양의 문화 차이가 크기 때문이다. 그럼에도 현재 우리나라는 과학교육의 많은 교육 이론들을 서양의 이론에서 받아들이고 있다. 문제는 문화 차이를 고려하지 않고 받아들인다는 것이다. 실행공동체는 공통의 관심사를 가진 사람들이 지속적으로 상호작용하면서 구성원 개인과 집단이 함께 성장할 수 있기에 교육적 측면에서 효과적인 공동체이다. 분명 학교 과학교육에 도입할 필요가 있다. 그러나 이 개념은 서양의 문화 속에서 발생하고 정착하였다. 앞서 언급했듯이 동아시아 지역의 문화는 서양과 달리 집단주의 성향을 가지고 있어서 '나' 보다는 '우리'를 강조하고, 나의 정체성을 타인으로부터 찾는다. 따라서 실행공동체 개념을 학교 교육에 도입한다고 했을 때, 동서양에서 구현되는 모습은 다를 수밖에 없다. 서양에서는 개인의 정체성이 우선시되기 때문에, 전략적 실행공동체를 구성하려면 공통의 관심사를 찾고 집단의 목표와 성장을 강조하는 것이 중요하다. 반면 동양은 원래부터 집단주의적 문화를 갖고 있기에 공동체 구성은 비교적 쉬울 수 있다. 하지만 집단의 성과와 방향을 지나치게 강조하면 자율성과 자발성이 저해될 수 있으며, 종국에는 창의적 학습 환경이 조성되지 못할 수가 있다. 따라서 동양에서는 구성원의 통합이나 응집력보다는 개인의 자율성을 강조할 필요가 있으며, 차이를 인정하는 공동체를 추구해야 할 것이다(강영택, 2009). 결국 전략적 실행공동체가 구성되도록 지원하려면 이러한 두 문화권의 문화적 차이를 고려해야만 한다. 또한 현재의 문화도 고정되지 않고 계속해서 변한다는 것을 유념하고 그러한 변화까지도 반영할 필요가 있다(조영환 등, 2011).

실행공동체 구성원들의 참여 수준은 동일하지 않으며, <그림 2.3>에 제시된 바와 같이 핵심집단(core group), 적극집단(active group), 주변인(peripheral)으로

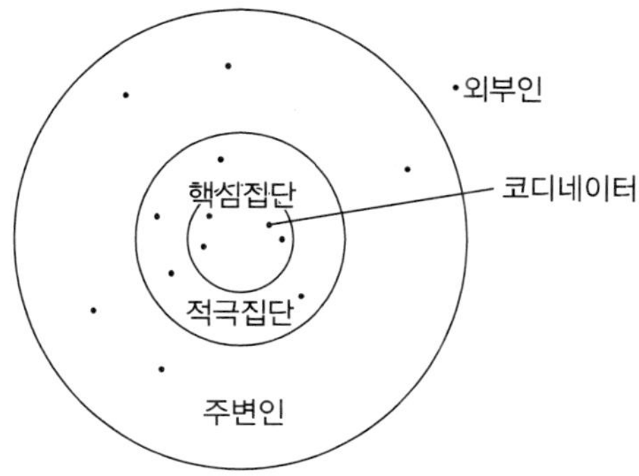

그림 2.3 공동체 참여의 정도(Wenger et al., 2002, p.57)

구분할 수 있다. '핵심집단'은 실행공동체를 이끌며 프로그램을 운영하는 등 적극적으로 참여하는 구성원들을 지칭한다. '적극집단'은 실행공동체 모임에 정기적으로 참석하고 활동하지만, 핵심집단보다는 열정적이지 않은 구성원들이다. 그리고 '주변인'은 실행공동체의 활동에 거의 참여하지 않으며, 실행공동체 구성원들의 활동과 상호작용을 방관자처럼 지켜본다. 만약 학교 교육에서 전략적 실행공동체를 구성하려고 한다면, 바로 이러한 상황을 염두에 두어야 한다. 학교측에서는 모든 학생들이 적극적으로 참여하길 바라겠지만, 실제로 공동체가 구성되면 다양한 참여 수준의 학생들이 나타나게 될 것이다. 실행공동체가 운영될 때 주변인들의 활동 없이는 공동체가 존재하기 어렵다(Wenger et al., 2002). 이들의 방관적 태도는 부정적인 것이 아니다. 그들은 이러한 합법적 주변 참여의 과정을 거쳐 핵심집단이 되기도 하고, 학습을 일으키면서 실행공동체의 발달과 유지에 도움을 주기도 한다. 따라서 이러한 다양한 수준의 참여를 인정할 필요가 있으며, 주변인이 점점 공동체의 핵심집단으로 변화될 수 있도록 단계별 지원방법을 고민해야 할 것이다.

reference

참고문헌

강영택 (2009). 우리나라 두 고등학교에서의 공동체적 경험과 갈등. 교육학연구, 47(2), 97-104.

강황선, 함진 (2009). 정부조직 CoP 성과 결정 요인에 관한 연구: A.H.P. 분석을 통한 상대적 중요도 평가. 한국정책분석평가학회, 19(1), 107-135.

김수연, 김효남 (2012). 초,중,고 학생의 과학 정의적 영역 성취도 비교 분석. 초등교과교육연구, 16, 1-19.

김진희, 나지연, 송진웅 (2017). 과학교육을 위한 전략적 실행공동체의 형성 가능성 탐색: 과학중점학교를 중심으로. 한국과학교육학회지, 37(1), 169-179.

김호섭, 김판석, 이창원, 강제상, 류홍림, 박통희 (2002). 조직행태의 이해. 서울: 대영문화사.

이민주, 김희백 (2016). 과학고등학교 학생들이 R&E 참여 과정에서 드러내는 과학적 실행 및 인식 변화: 실행공동체 내에서의 합법적 주변 참여의 관점에서. 한국과학교육학회지, 36(3), 371-387.

이홍재, 박성종, 한수영 (2013). 개인동기 및 조직후원 요인이 CoP 참여와 성과에 미치는 영향. 한국경영교육학회, 81, 383-403.

이홍재, 한수영 (2013). 지방정부 공무원의 CoP 활동 선행요인과 혁신행동에 관한 연구. 지방정부연구, 17(2), 169-188.

장상호 (2002). 교육적 관계와 교육공동체에 관한 소고. 교육원리연구, 7(1), 1-42.

장원섭, 김민영, 윤지혜 (2009). 실행공동체 공식화가 조직학습에 미치는 영향. 직업교육연구, 28(3), 209-228.

정용재, 천은겸 (2014). 국내 '실행공동체' 관련 연구 동향 분석: 초등 과학교육 연구에 주는 시사점을 중심으로. 초등과학교육, 33(3), 464-478.

조긍호 (2007). 동아시아 집단주의의 유학사상적 배경: 심리학적 접근. 파주: 지식산업사.

조영환, 윤여각, 이혁규 (2011). 문화와 교육. 서울: 한국방송통신대학교출판부.

천은겸, 나지연, 정용재, 송진웅 (2015). '실행공동체' 관점에서 과학 교실문화 분석을 위한 조사도구의 개발 및 적용. 한국과학교육학회지, 35(1), 131-142.

최미나, 유영만 (2003). 지식창출 및 공유전략으로서의 실행공동체(CoP: Communities of Practice) 발전과정에 관한 사례연구. 교육정보미디어연구, 9(4), 177-208.

최상진 (2012). 한국인의 심리학. 서울: 학지사.

최은희, 권대봉 (2007). 지역교육청 실행공동체의 전개양상과 동인 탐색. 평생교육학연구, 13(3), 1-27.

Akerson, V. L., Cullen, T. A., & Hanson, D. L. (2009). Fostering a community of practice through a professional development program to improve elementary teachers' views of nature of science and teaching practice. Journal of Research in Science Teaching, 46(10), 1090-1113.

Bond, M. (2014). The power of others. 문희경(역, 2015). 타인의 영향력. 서울: 어크로스.

Brown, J. S., & Duguid, P. (1991). Organizational learning and communities-of-practice: Toward a unified view of working, learning, and innovation. Organization Science, 2(1), 40-57.

Cross, D., Taasoobshirazi, G., Hendricks, S., & Hickey, D. T. (2008). Argumentation: A strategy for improving achievement and revealing scientific identities. International Journal of Science Education, 30(6), 837-861.

Gerber, R., & Williams, M. (Eds.) (2002). Geography, culture, and education. Boston: Kluwer Academic Publishers.

Jeon, S., Kim, Y.-G., & Koh, J, (2011) An integrative model for knowledge sharing in communities-of-practice. Journal of Knowledge Management, 15(2), 251-269. https://doi.org/10.1108/13673271111119682

Lave, J., & Wenger, E. (1991). Situated learning: Legitimate peripheral participation. Cambridge, UK: University of Cambridge Press.

Leadbeater, C. (2008). We-think: Mass innovation, not mass production. London: Aitken Alexander Associates. 이순희(역, 2009). 집단지성이란 무엇인가. 서울: 21세기 북스.

Lotter, C., Yow, J. A., & Peters, T. T. (2014). Building a community of practice around inquiry instruction through a professional development program. International Journal of Science and Mathematics Education, 12(1), 1-23.

Nisbett, R. E. (2003). The geography of thought. 최인철(역, 2010). 생각의 지도. 파주: 김영사.

Saint-Onge, H. and Wallace, D. (2003), Leveraging Communities of Practice for Strategic Advantage. Burlington, MA: Butterworth-Heinemann.

Stork, J. & Hill, P. A. (2000). Knowledge diffusion through strategic communities. Sloan Management Review, 42(1), 63-74.

Surowiecki, J.(2005). The Wisdom of Crowds: Why the Many Are Smarter Than the Few. London: Abacus.

The Boyer Commission on Educating Undergraduates in the Research University(1998). Reinventing Undergraduate Education: A Blueprint for America's Research Universities. Retrieved from http://www.niu.edu/engagedlearning/research/pdfs/Boyer_Report.pdf

Tobin, K. G., & Roth, W-M. (Eds.) (2007). The culture of science education: its history in person. Rotterdam, The Netherlands: Sense Publishers.

Vygotsky, L. S. (1978). Mind and society: The development of higher mental processes. Cambridge: Harvard university press.

Wenger, E. (1998). Communities of practice: Learning, meaning, and identity. New York: Cambridge University Press.

Wenger, E, Mcdermott, R., & Snyder, W. M. (2002). Cultivating communities of practice: A guide to managing knowledge. Boston: Harvard Business School Press.

Wenger, E. & Snyder, W. M. (2000). Communities of practice: The organizational frontier. Harvard Business Review, 78(1), 139-146.

이 장은 2016년 대한민국 교육부와 한국연구재단의 지원을 받아 수행된 연구임(NRF-2016S1A3A2925401)

CHAPTER 03

탐구공동체 관점에서 본 과학교실의 의미와 특징

정용재(공주교육대학교)
장진아(서울대학교 교육연수원)

● 본 장에서는 학습과 공동체의 관계를 개괄적으로 논의하고, 과학교실이 가져야 할 의미와 특징으로 기대되는 바 탐구공동체에 대해 논의한다. 그리고 과학교실 탐구공동체의 관점에서 본 현행 과학교실의 모습에 대해 학생들이 어떠한 인식을 가지고 있는지를 살펴보고자 한다. '과학교실 탐구공동체'(Community of Inquiry in Science Classroom: CoI-SC)는 "자연 현상이나 사물과 관련하여 진정한 의심의 상태를 믿음의 상태로 바꾸는 것을 목적으로, 참여자로서 목적을 공유한 구성원들이 실제적 효과에 대한 관찰과 오류가능성을 견지하면서 자유로운 의사소통을 통해 최선의 설명과 해결책에 이르고자 끊임없이 노력하는 교실 공동체"를 말한다. 이러한 과학교실 탐구공동체에 대한 논의를 바탕으로 과학교실은 어떤 의미를 가지고 있으며 그 특징은 어떠해야 하는지, 특히 동아시아라는 사회문화적 특징을 감안할 때 우리는 어떤 점들에 유의해야 하는지 등에 대해 몇 가지 제언을 하고자 한다.

3.1 과학교실은 어떠해야 하는지에 대한 고민

과학교실은 어떤 의미를 가지고 있으며 또 그 특징은 어떠해야 하는가? 교실이 학습이 일어나는 장소임을 감안한다면, 이 질문에 대한 응답은 학습을 바라보는 관점에 따라 다양하게 나올 수 있다. 무엇보다 그 응답은 학교 과학 활동과 과학 학습이 어떠해야 하는지에 대한 관점과 밀접하게 연관될 것이다. 그리고 '탐구를 기반으로 한 활동과 학습'이 학교 과학 활동과 과학 학습의 중요한 특징으로 수용되어 왔다는 점(Bybee & DeBoer, 1994; DeBoer, 1991)을 감안한다면, 이 질문에 대한 응답은 '탐구'를 바라보는 관점과도 직접적으로 연관될 것이다.

한편, 학습을 바라보는 관점은 개인의 내적 변화에 초점을 둔 관점(e.g., Driver, 1983; Piaget & Cook, 1952)부터 공동체를 기반으로 하는 관점(e.g., Barab, Hay, Duffy, 1998; Lave & Wenger, 1991)에 이르기까지 다양하다. 특히 공동체를 기반으로 하는 관점들, 즉, 학습공동체(Peterson, 1992), 학습자공동체(Rogoff, Matusov, & White, 1996), 실행공동체[1](Wenger, 1998; Wenger et al., 2002,) 등은 근래에 들어 학습의 본질에 좀 더 가까운 관점으로 받아들여지고 있다(정용재와 천은겸, 2014; Barab, Hay, Duffy, 1998). 이처럼 공동체를 기반으로 하는 학습에 대한 관점을 수용한다면, '과학교실은 어떤 의미와 특징을 가져야 하는가?'라는 이 질문에 대한 응답은 '과학교실은 어떤 특징의 공동체여야 하는가?'라는 관점과도 관련되어 있을 것이다.

이에 본 장에서는 학습과 공동체의 관계를 개괄적으로 논의하고, 과학교실이 가져야 할 의미와 특징으로 기대되는 바 탐구공동체에 대해 논의한 후, 과학교실 탐구공동체의 관점에서 본 현행 과학교실의 모습에 대해 학생들이 어떠한 인식을 가지고 있는지를 살펴보고자 한다. 그리고 이를 바탕으로 과학교실은 어떤 의미를 가지고 있으며 그 특징은 어떠해야 하는지, 특히 동아시아라는 사회문화적 특징을 감안할 때 우리는 어떤 점들에 유의해야 하는지 등에 대해 몇 가지 제언을 하고자 한다.

3.2 학습과 공동체

1) '실행공동체'의 원어는 community of practice로서 국내에서는 '실천공동체'와 '실행공동체'라는 번역이 혼용되고 있다. 본 연구에서는 실행공동체가 행위의 방식을 공유하는 공동체(Wenger, 1998)라는 점에 주목하여, community of practice를 '실행공동체'로 번역하였다.

공동체를 떠난 학습이란 가능할까? 학습은 개인의 변화를 수반하는 것이다. 행동의 변화든지(Skinner, 1950), 인지구조의 변화든지(Piaget & Cook, 1952), 개념의 변화든지(Driver, 1983) 어쨌든 개인의 행동이나 내적인 변화를 수반한다. 그렇다면 이러한 개인의 변화는 공동체와 무관하게 일어날 수 있을까?

'학습과 공동체의 관계'와 연관 지어 볼 때, 우리는 Vygotsky(1978)와 함께 문화역사활동이론(Cultural Historical Activity Theory)의 이론적 토대에 기여한 Leont'ev(1978)의 주장에서 그 시사점을 찾을 수 있다. 그의 주장에 따르면, 인간의 목적적 활동(objective activity)은 크게 동기(motive), 행위(action), 조작(operation)이라는 서로 다른 성격을 가진 구성 요소들의 결합으로 나타난다. 첫째, 동기는 사회적 필요(need)에 의해서 유발된다. 필요는 어떤 활동의 방향을 결정하고 그 활동의 추진력이 되는 것으로서, 모든 활동에는 항상 사회적 필요가 자리하고 있다. 따라서 사회적 필요가 없는 활동은 있을 수 없다. 예를 들어, 사냥이라는 활동은 식량을 얻어야 한다는 사회적 필요에 의해서 추진력을 얻으며, 그 필요를 만족하기 위한 방향으로 일어난다. 이러한 사회적 필요는 어느 한 개인이 의식할 수도 있고 그렇지 못할 수도 있다. 모든 개인이 사냥의 필요성에 주목하고 사냥이라는 활동에 참여하는 것은 아니기 때문이다. 그러나 어느 한 개인이 그 필요성을 의식하고 있느냐 그렇지 않느냐와 상관없이 사회적 필요는 그 활동의 성격과 추진력에 항상 관련되어 있다.

활동의 두 번째 양상은 행위(action)이다. 사회적 필요와 그로 인한 동기의 유발이 개인의 의식 여부와 상관없이 일어난다면, 행위는 목표(goal)에 대한 개인의 명확한 의식이 전제되어 나타난다. 예를 들어, 사냥이라는 활동에서 커다란 활에 튼튼하게 줄을 묶는 행위는 화살을 잘 날리겠다는 목적을 달성하기 위한 행위이다. 또 운전이라는 활동은 먼 거리를 빠르게 이동해야 한다는 사회적 필요에 의해 동기가 유발된 활동이지만, 사무실에 가기 위해 운전을 하는 행위는 사무실이라는 특정한 지점에 간다는 목적을 달성하기 위한 행위이다. 이러한 행위는 그 목적을 명확히 의식하고 이루어지며, 그 목적을 달성하기 위한 방향으로 이루어진다.

활동의 세 번째 양상은 조작(operation)이다. 조작은 어떤 행위들이 너무나 익숙해져서 심지어는 그 행위를 하고 있다는 의식도 없이 이루어진다. 그렇기 때문에 조작은 특정한 조건(condition) 하에서 그 조건에 부합되는 무의식적인 행위들로 구성된다. 예를 들어, 사냥에서 노루를 만났을 때 노루를 잡기 위해 활을 쏘는 행위는 노루를 잡겠다는 목적 하에 이루어지지만, 그 과정에서 한쪽 팔로 활을 들어 올리고 다른 쪽 팔로는 화살을 꺼내 줄에 거는 행위들은 너무나 익숙해서 거의 무의식이고 자동적으로 일어난다. 이렇게 무의식적이고 자동적으로 일어나는 행위가 바로 '조작'이다. 또 다른 예로, 사무실에 가기 위해 운전을 하는 행위는 사무실에 가겠다는 목적 하에 이루어지는 '행위'이지만, 운전을 하는 과정에서 가속 페달을 밟고 브레이크를 밟는 행위나 양쪽의 사이드 미러를 보는 행위들은, 특별한 경우가 아니라면 거의 무의식적이고 자동적으로 일어나는 '조작'이다. 이때 새로운 종류의 활을 사용하거나 화살 통을 맨 위치가 바뀌게 되면, 우리는 그 이전까지 거의 무의식적으로 해왔던 행위들을 주저하게 된다. 아주 낯선 종류의 차를 운전하거나 아주 낯선 신호시스템을 만나게 될 때도, 우리는 그것에 익숙해질 때까지 그 이전의 무의식인 행동들을 의식적으로 조심하게 된다. 이러한 점에서 조작은 특정한 조건의 영향을 받는다 할 수 있다.

이와 같은 세 가지 구성요소, 즉, 동기, 행위, 조작이 결합하여 목적적 활동을 구성한다는 Leont'ev(1978)의 주장을 수용한다면, 학습은 공동체와 무관하게 일어날 수 없다. 학습은 인류에게 있어서 매우 중요한 활동이다. 자연 속에서 생존해야 하고 나아가 행복한 삶을 살기 위해서는 무엇인가를 학습해야 한다는 사회적 필요에 의해서 일어나고 발전되어 온 목적적 활동이다. 그렇기 때문에 학습 역시 동기, 행위, 조작이 결합되어 일어나는 것으로 볼 수 있다. 그런데 앞서 살펴보았듯이, Leont'ev(1978)에 따르면 활동은 기본적으로 공동체의 특정한 필요를 전제로 추진력을 얻고 방향성을 가진다. 따라서 학습자가 속해 있는 공동체가 어떤 필요에 의해 학습이라는 활동을 발전시켜왔는지에 따라 공동체마다 학습이라는 활동의 특징이 달라진다. 예를 들어, 국가의 경제적 발전을 위해 학습이라는 활동이 필요한 공동체에서는 경제적 발전에 도움이 되는 내용들로 학습의 내용과 수준을 구성하게 될 것이다. 또, 그 특정 내용을 습득하고 익히는 것이 어느 한 학습자의 목적이 될 것이므로, 그 목적을 달성하기 위한 학습자의 행위 역시 공동체마다 달라질 것이다. 실제로 어떤 공동체에서는 어린 유아에게도 큰 칼(machete)을 쥐어주고 코코넛을 자르게 한다(Rogoff, 1990). 공동체가 학습의 필요성을 어떻게 규정하고 있느냐에 따라 학습의 내용과 행위가 달라질 수밖에 없으므로, 학습은 공동체와 무관하게 일어날 수 없다.

아울러, 특정 공동체의 분위기나 환경 여부에 따라서도 학습 활동은 다른 양상으로 나타난다. Leont'ev(1978)에 따르면 '조작'은 특정한 조건의 영향을 받는다. 학습 활동은 목적을 달성하기 위한 수많은 '행위'와 그 행위 과정에서 거의 자동적으로 일어나는 '조작'으로 구성되는데, 그 수많은 조작에 영향을 미치는 것이 바로 공동체를 둘러싸고 있는 조건이다. 예를 들어, 지식을 중시하고 선다형으로 구성된 지필 시험의 점수를 중시하는 공동체의 분위기는 자연스럽게 해당 지식을 외우는 다양한 조작을 유도한다. 교사의 권위에 도전하는 것이 금기되어 있고 말이 많은 사람보다는 생각이 깊은 사람을 좋게 여기는 분위기의 공동체와, 생각하는 그대로 말하는 것을 중시하고 교사 역시 이를 권장하는 분위기의 공동체는 서로 다르다. 이 두 공동체에서 자신의 생각을 발표하거나 토론할 때에 일어나는 수많은 조작들은 서로 다를 수밖에 없다. 이러한 점에서도 학습은 공동체와 무관하게 일어날 수 없다.

이와 같은 학습과 공동체의 관계는 Vygotsky(1978)와 Leont'ev(1978)의 이론에 기초하여 다음과 같이 인간의 활동시스템을 제안한 Engeström(1987 & 2001)의 주장에서 좀 더 명시적으로 나타난다.

Engeström(1987)은 활동이론(activity theory)에서 이야기하는 인간 활동시스

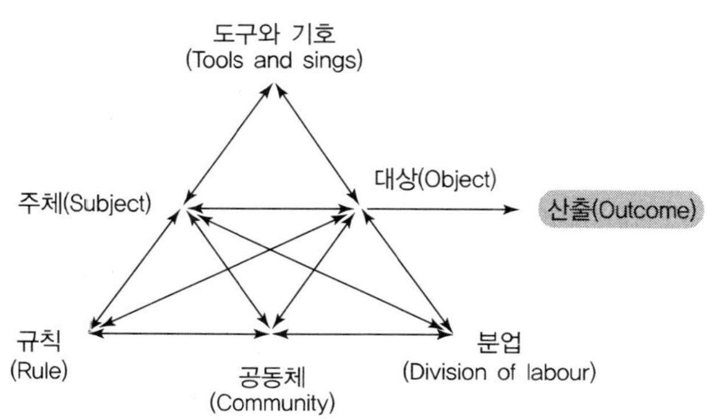

그림 3.1 인간의 활동시스템(Engeström, 1987, p. 78)

템의 구조를 <그림 3.1>과 같이 제안하였다. 전체적으로 큰 삼각형과 작은 몇 개의 삼각형으로 되어 있는데, 가장 기본적인 관계는 주체(subject)와 대상(object), 그리고 산출(outcome)의 관계이다. 주체는 대상과 관련하여 어떤 산출을 하게 되는데, 이 전체적인 과정을 활동(activity)으로 본 것이다. 이때 주체가 대상을 인식하는 것은 도구(tools)와 기호(sign)를 통해 가능하다. 이는 인간의 고차적 사고 과정은 '중재'의 과정을 포함한다는 Vygotsky(1978)의 주장을 기반으로 하고 있다. Vygotsky(1978)는 기존의 행동주의에서 이야기하는 S-R(Stimulus-Response) 이론의 한계를 지적하면서, 인간의 고차적 사고에서는 자극과 반응이 직접 연결되지 않으며, 그 사이에 '기호(sign)'와 '도구(tool)'를 포함하는 중재(mediated activity)가 존재한다고 보았다.

Engeström(1987)은 이와 같은 주체, 대상, 산출의 관계를 기본으로 하면서도, 인간 활동은 본질적으로 공동체에 기초하여 이루어진다는 것을 강조하였다. 이를 위해 <그림 3.1>에서 큰 삼각형의 밑변 중앙에 공동체(community)라는 요소를 추가로 설정하였다. 그리고 이 공동체와 주체 사이의 관계를 규칙(rule)으로 나타내고, 공동체와 대상 사이의 관계를 분업(division of labor)으로 나타내어 종합적인 인간 활동시스템을 도식화하였다.

한편, <그림 3.1>에서 각 요소들을 잇는 선을 양방향의 화살표로 표시한 것은 이들 관계가 서로 모순적인(contradiction) 관계에 있음을 나타낸 것이다(Engeström, 2001). 즉, 인간의 활동시스템을 구성하는 각 요소들 사이에는 기본적으로 모순이 내재되어 있으며, 이러한 모순의 해결을 시도하는 과정과 결과를 인류의 사회문화적 발달 역사로 보는 관점(Engeström, 1987; Leont'ev, 1978)에 바탕을 두고 있다. 예를 들어, 주체가 대상을 인식하는 데 있어서 '도구'가 제한적인 요인으로 작용할 수 있음이 보고되기도 하였다(Engeström, 1999 & 2001, Joung, 2008).

이러한 인간 활동시스템의 특징(Engeström, 1987 & 2001)은 학습이 공동체와 무관하게 일어날 수 없음을 좀 더 명확히 시사해 주고 있다. 첫째, 주체가 대상을 인식하기 위해 도구와 기호라는 중재를 필요로 한다는 점은 학습이 공동체의 사회문화적 특징에 기반을 두고 있음을 보여준다. 학습은 학습하고자 하는 대상의 인식을 반드시 필요로 한다. 그런데 그 인식이 도구와 기호의 중재를 거칠 수밖에 없다는 것은, 도구와 기호가 본질적으로 공동체 구성원들 사이의 규약과 문화에 의해 만들어지고 특징지어진다는 것을 보여준다. 즉, 학습이라는 활동도 공동체와 무관할 수 없다는 것이다.

둘째, 주체가 공동체와 관계하는 방식인 '규칙'과, 공동체가 대상을 다루는 방식인 '분업'이 인간 활동시스템의 구성요소라는 점 역시 학습이 공동체의 사회문화적 특징에 기반을 두고 있음을 보여준다. 공동체 내에서 한 개인의 위치는 그 공동체에서 문화적으로 규정하고 있는 구성원 사이의 규칙에 근거한다. 교사의 위치는 교사를 바라보는 공동체의 시각에 근거하고, 학생의 위치는 그 공동체에서 문화적으로 수용하고 있는 학습자에 대한 시각에 근거한다. 한 공동체가 구성원 사이의 규칙을 어떻게 규약하고 있느냐 하는 바는 교사와 학생의 정체성에 영향을 미칠 수밖에 없으며, 이는 학습이라는 활동에서도 다양한 영향을 미치게 된다. 비슷하게, 여러 사람이 하나의 대상과 관계된 활동을 하는 공동체 기반 활동의 특성에 따라, 여러 사람이 어떻게 분업을 하고 협업을 하는지 역시 전체 활동에 영향을 미친다. 이는 공동체의 문화와 규약이 협력학습이나 토의학습을 어느 정도의 비중으로 인식하는지, 그리고 어떤 주된 방법을 사용하는지 등 학습 과정에 영향을 미칠 수 있다는 것을 잘 보여준다.

학습이 공동체를 기반으로 하여 이루어진다는 것은 Leont'ev(1978)와 Engeström (1987 & 2001)의 주장 이외에도 여러 곳에서 발견된다. 예를 들면, 학습은 학습자와 학습 대상이 처해 있는 상황과는 무관하게 이루어질 수 없다는 주장이 그것이다(Barab & Duffy, 2000; Dewey, 1916). 즉, "오직 상황 전체(contextual whole) 속에서 연결되어 있는 대상들과 사건들에 대해서만 판단하고 경험" (Dewey, 1938, p. 72)할 수 있다는 것이다. 이때 학습자와 학습 대상이 처해 있는 대표적인 상황은 공동체의 문화나 환경일 것이다. 따라서 학습은 학습자와 학습 대상이 처해 있는 공동체의 문화나 환경과 동떨어져서는 어떠한 판단이나 경험도 할 수가 없다. 마찬가지로, 학습자는 학습 대상과 공동체를 포함하는 '상황 전체' 속에서 특징지어지며, 공동체의 구성원들과 상호 영향을 주고받을 수밖에 없다는 주장도 있다(박선영과 김회용, 2009; Dewey, 1938). 즉, 무엇에 대해서 학습한다는 것은 공동체를 포함한 상황과 무관하게 이루어지는 것이 아니라, 개인과 그 주변 그리고 공동체 사이의 상호작용 속에서 일어나는 활동인 것이다(Barab, Hay, Duffy, 1998).

이와 같은 주장을 수용한다면, 동아시아 과학교실을 이해하고 적절한 과학 교실문화를 구축함에 있어서, 먼저 학습에 대한 공동체적 관점에 주목해야만 한다. 유교 문화를 바탕으로 하는 동아시아 문화는 기본적으로 공동체에 기반을 둔 삶을 중시해 왔고, 다른 사람과의 관계 속에서 이루어지는 염치와 체면을 중시해 왔다. 물론 이러한 특징이 동아시아 문화만의 특징인지 아니면 동아시아 문화를 대표하는 특징인지에 대해서는 더 많은 연구와 논의가 필요하겠지만, 분명한 것은 동아시아 과학교실을 이해하기 위해서는 동아시아 문화의 어떤 특징이 학습의 장에 영향을 미치는지를 함께 분석해야만 한다는 것이다. 그러려면 학습을 개인과 환경, 그리고 공동체와의 상호작용 속에서 일어나는 정체성의 변화로 보는 공동체적 관점이 필요하다. 마찬가지로, 과학 학습과 과학 교실문화에서 강조되어 온 탐구에 대해서도 공동체적 관점, 즉 '개인의 정체성은 탐구를 통해서 일어나는 공동체 속에서의 변화'라는 관점으로 바라볼 필요가 있다.

3.3 탐구공동체로서 과학교실[2)]

3.3.1 탐구공동체

탐구공동체(community of Inquiry)는 공동체를 기반으로 하여 진리와 실재, 지식을 바라보는 공동체적 접근 중 하나로(정용재, 2014), 미국의 철학자이자 기호학자, 그리고 과학자이기도 했었던 Peirce[3)]에 의해 처음 제안되었다(Burgh & Nichols, 2012; Pardales & Girod, 2006). 이후 Dewey의 탐구에 대한 이론과 함께 교육과 관련된 논의로 확장되었으며(Splitter & Sharp, 1995), 근래에는 철학교육

2) 이 절은 정용재(2014)의 일부 내용을 요약, 발췌하고 재구성한 것으로, 과학교실 탐구공동체와 관련된 좀 더 상세한 내용은 정용재(2018) 참조.

3) C. S. Peirce(1839–1914). 미국 프래그머티즘의 창시자이자 현대 기호학의 선구자로 알려져 있는 철학자이며 과학자.

(e.g., Lipman, 2003), 온라인 원격 교육(e.g., Garrison & Arbaugh,, 2007) 등에서도 활발히 논의되고 있다(정용재, 2014).

탐구공동체에 대한 정의는 학자들마다 다양하다(정용재, 2014). 예를 들어, "여러 사람이 공동의 문제를 놓고, 각자가 자신의 의견을 제시하면서 함께 문제를 해결하는 공동체"(조성민, 2008, p.2)로 정의되기도 하고, "문제의식을 공유하고 문제의 해결을 위해 경쟁하고 협동하는 사회적 집단"으로서 "사회적 상호작용이 내면화되어 우리들의 의식 속에서 재생산-재현되는 심리적 실체"를 포함하는 것으로 정의되기도 한다(임병갑, 1999, p.113). 또, "교사와 학생이 하나 또는 그 이상의 문제들에 같이 일하는 것"(이선경 등, 2008, p.508)이나 "어떤 결과들에 도달하기 위해 개인 간 상호작용(interpersonal method)을 활용하는 개인들의 무리"(Pardales & Girod, 2006, p.301)라고 정의되기도 한다. 그러나 이들을 모두 포괄하는 단 하나의 정의를 찾기란 쉽지가 않다.

탐구공동체를 한 마디로 정의내리긴 어렵지만, 처음 제안한 Peirce의 탐구에 대한 관점과 공동체에 대한 관점을 살펴보는 것은 탐구공동체의 의미와 특징을 개념화하는 데에 도움이 될 것이다.

우선, Peirce는 실재가 무엇인지에 대해 다음과 같이 서술하면서, 끊임없이 탐구하는 공동체를 언급하고 있다.

> 실재(real)는, 조금 더 빠르건 늦건, 정보와 추리가 궁극적으로 귀착(result in)하게 되는 것이고, 그래서 너와 나의 변덕과는 무관한 것이다. 따라서 실재성(reality)이라는 개념의 본질은 이 개념 속에는 정해진 한계를 가지지 않으면서 지식의 확정적인 증가가 가능한 공동체(COMMUNITY)의 관념이 필수적으로 포함됨을 보여준다(CP 5.311)[4].

---

4) 이러한 인용방법은 Peirce를 다루는 논문들에서 주로 사용되는 방법이다. CP 5.311에서 'CP'는 1931년부터 1958년에 걸쳐 편찬된 Peirce의 저작 모음집 「Peirce, C. S. Collected Papers of Charles Sanders Peirce [ab. CP], 8 vols. C. Hartshorne and P. Weiss (1931-1958) (Eds.) vols. 1-6; A. W. Burks (1931-1958) (Ed.) vols. 7-8, Cambridge, MA: Harvard University Press.」의 약자이다. 이 모음집은 총 8권으로 이루어져 있는데, CP 5.311에서 '5.311'은 이 모음집 5권에서 311번으로 번호가 매겨진 문단을 말한다.

Peirce는 어떤 공동체가 끊임없이 그리고 충분히 탐구한다면 공동체의 의견이 어느 하나로 모이게 될 텐데, 이때의 그 궁극적 의견이 표상하는 바가 바로 실재라고 주장한다(CP 5.407). 여기서 Peirce가 얘기하는 공동체는 충분한 시간 동안 진정성 있는 탐구를 수행하는 공동체이다. 즉, 실재와 진리에 이르기 위해 현재의 결과와 결론에 만족하지 않고 끊임없이 탐구하는 공동체를 말한다(정용재, 2014).

그렇다면, Peirce는 탐구를 어떻게 바라보고 있을까? Peirce는 탐구를 '의심의 자극(irritation of doubt)에 의해 일어나 다시 믿음의 상태(state of belief)를 획득하려는 투쟁(struggle)'으로 보았다(CP 5.374). 이때 의심이란 '불편하고 불만족스러운 상태'를 말한다(CP 5.372). 즉, Peirce에게 있어서 탐구란 '불편하고 불만족스러운 상태에서 벗어나 다시 믿음의 상태에 이르기 위한 투쟁'인 것이다.

> 의심(doubt)은 그것으로부터 우리 자신을 자유롭게 하여 믿음(belief)의 상태로 가도록 투쟁(struggle)하게 하는 불편하고 불만족스러운 상태이다; 반면에 믿음의 상태는 안정적이고 만족스러운 상태로서 우리가 그 상태를 벗어나거나 다른 어떤 것에 대한 믿음으로 바꾸기를 원하지 않는 상태이다(CP 5.372).

그런데 Peirce는 이와 같이 우리를 의심에서 믿음에 이르게 하는 것은 고집(tenacity)의 방법이나 권위(authority)의 방법, 선험(a priory)의 방법이 아니라 과학적 방법이라고 주장한다(김동식, 2002; 정해창, 2005; 정용재와 송진웅, 2006). 고집의 방법은 어떤 물음에 대해 일단 대답해놓고서는, 그것을 자신에게 반복하고 어떠한 다른 의견에 대해서도 눈을 감고 허용하지 않는 것을 말한다(CP 5.377). 권위의 방법은 국가와 같이 권위와 권력을 가진 특정 집단의 의지에 따르는 방법이다(CP 5.379). 선험의 방법은 '이성에 부합함(agreeable to reason)'을 주장함으로써 어떤 특정한 의견에 따르는 방법이다(CP 5.382). 이 세 가지 방법으로도 특정한 믿음에 이르렀다고 느낄 수 있지만, 세 가지 방법 모두 공동체의 구성원들이 각자의 의견을 충분히 교류하게 되면 곧 그것이 편협하고 임시적인 믿음에 불과하다는 것을 깨닫게 된다. 반면 과학적 방법은 사실에 부합하는가에 의거해 믿음에 이르는 방법이다(CP 5.384). 진리를 발견하는 것을 목적으로 관찰과 실험 등의 지각적 판단을 통해 의견이 그 실재에 부합하는지를 판단한다. 이러한 판단을 근거로 하기 때문에 올바른 추론과 올바르지 않은 추론을 분별할 수 있다.

한편, 이러한 과학적 방법을 통해 Peirce는, 믿음에 이르는 과정에는 가설을 생성하는 추리인 귀추법(abduction)이 중요한 역할을 한다고 보았다. 귀추법은 '설명 가설(explanatory hypothesis)을 형성하는 과정(CP 5.171)'으로서, 다음의 인용문에서 볼 수 있는 것처럼, 연역법과 귀납법만으로는 설명되지 않는 과학 지식의 생성과 확장에 관여하는 방법이다(정용재와 송진웅, 2006).

> 귀추법은 설명가설(explanatory hypothesis)을 형성하는 과정이다. 그것은 새로운 아이디어를 이끌어내는 유일한 논리적 조작(logical operation)이다; 왜냐하면, 귀납법은 값어치를 매기는 것 이상의 어떤 것도 아니며, 연역법은 단지 순수가설(pure hypothesis)로부터 필연적으로 귀결되는 결과를 전개하는 것뿐이기 때문이다(CP 5.171).

Peirce는 귀추법 역시 특정한 논리적 형식을 갖춘 추리로 보았는데(Curd, 1980), 그 형식은 다음과 같다.

> 어떤 놀라운 사실 C가 관찰 된다;
> 　그런데 만약 A가 참이라면, C는 당연한 것이 된다,
> 　따라서 A가 참이라고 여길만한 이유가 있다.
> (The surprising fact, C, is observed;
> 　But if A were true, C would be a matter of course,
> 　Hence, there is reason to suspect that A is true) (CP 5.189).

왜 이러한 현상이 나타나는지 잘 설명되지 않는 어떤 놀라운 사실 C가 관찰되었다고 해보자. 설명이 되지 않고 신기하고 놀랍다는 것은 기존의 믿음이 깨진 상태가 되었다는 것이다. 이는 앞서 논의한 것처럼 불편하고 불안한 의심의 상태에 있음을 의미한다. 그러면 관찰자는 놀라운 사실 C를 당연한 것으로 받아들일 수 있도록 만드는 임시적인 설명을 찾음으로써 의심의 상태를 벗어나고자 노력하게 될 것이다. 그래서 "만약 A가 참이라면, C는 당연한 것이 된다."를 만족

하는 임시적인 설명 A를 찾았다면, 우리는 다시금 안정적인 믿음의 상태에 도달할 수 있을 텐데, Peirce는 이때의 임시적인 설명 A를 가설이라고 보았다. 이러한 특징의 가설을 Peirce는 다음과 같은 예로 설명한다.

> 나는 터키 지방의 한 항구에 내린 적이 있다. 방문하기로 되어 있던 집으로 걸어가고 있을 때, 나는 머리 위에 덮개를 쓰고 네 명의 기수에 둘러싸여 말 위에 올라 타 있는 남자를 만났다. 나는 이 지역의 통치자만이 그러한 대단한 영예를 누릴 수 있을 것이라고 생각했기 때문에, 바로 이 사람이 이 지역의 통치자라고 추리했다. 이것은 하나의 가설이다.
>
> 화석이 발견 된다; 물고기 화석들인데, 그 지역은 내륙 깊숙한 지방이다. 이 현상을 설명하기 위해서, 우리는 언젠가 바닷물이 이 지방을 휩쓸고 지나간 적이 있었다고 가정한다. 이것은 또 하나의 가설이다(CP 2.625).

Peirce는 이러한 귀추법의 논리적 형식을 연역법, 귀납법과 비교하여 <그림 3.2>와 삼단논법으로 형식화하여 설명한다(CP 2.623).

<그림 3.2>에서 볼 수 있듯이, 귀추법은 일반적인 규칙과 관찰된 결과로부터 특정한 사례를 도출하는 추리이다(CP 2.623). 예를 들면, '이 자루에서 나온 모든 콩은 흰색이다.'라는 일반적인 규칙과 '이 콩들은 흰색이다.'라는 관찰 결과를 결합하여 '이 콩들은 이 자루에서 나왔다.'라는 특정한 사례를 도출해내는 것이다. 여기에는 '이 자루에서 나온 모든 콩'이나 '이 콩들' 모두 흰색이라는 유사성에 근거하여 두 가지 콩들이 동일한 자루에서 나왔을 것임을 추리하는 과정이 포함되어 있다. 즉, 두 대상이 갖는 일부분의 유사성에 근거하여 나머지 부분도 유사할 것이라고 추리하는 것이다. 따라서 귀추법은 대전제가 참이라면 항상 참일 수밖에 없는 연역법과는 다르게 항상 참을 도출해내는 추리는 아니다. 그러나 어느 한 측면이 유사하다는 점에 근거해서 다른 측면도 유사할 것이라는 귀추법은, 아직 확인되지 못한 부분을 추리해 낸다는 점에서 연역법과 달리 기존의 지식을 확장할 수 있는 추리이다.

이렇게 설정된 가설은 그것이 어떤 실제적 효과를 유발할 것인지를 연역적으로 예측하고, 이를 관찰을 통해 귀납적으로 검증하는 절차를 거쳐, 지식으로 수용될 것이다. 물론 그럼에도 불구하고 이러한 지식은 여전히 오류가능성을 내포

연역법(Deduction)

규칙(Rule)	이 자루에서 나온 모든 콩은 흰색이다. (All the beans from this bag are white.)
사례(Case)	이 콩들은 이 자루에서 나왔다. (These beans are from this bag.)
∴ 결과(Result)	이 콩들은 흰색이다. (These beans are white.)

귀납법(Induction)

사례(Case)	이 콩들은 이 자루에서 나왔다. (These beans are from this bag.)
결과(Result)	이 콩들은 흰색이다. (These beans are white.)
∴ 규칙(Rule)	이 자루에서 나온 모든 콩은 흰색이다. (All the beans from this bag are white.)

가설(귀추법)(Hypothesis(Abduction))

규칙(Rule)	이 자루에서 나온 모든 콩은 흰색이다. (All the beans from this bag are white.)
결과(Result)	이 콩들은 흰색이다. (These beans are white.)
∴ 사례(Case)	이 콩들은 이 자루에서 나왔다. (These beans are from this bag.)

그림 3.2 세 가지 추리의 삼단논법 형식(CP 2.623)

하고 있다. 설사 가설이 검증되었다고 하더라도 그것은 그러한 조건 하에서 몇 차례 검증된 것일 뿐 언제나 오류가 가능하다. 그렇기 때문에 우리는 항상 의심의 자세와 끊임없는 탐구를 위한 준비를 갖추고 있어야 할 것이다.

요컨대 Peirce의 관점에서 탐구는 '어떤 대상이나 현상이 갖는 실제적 효과를 접하면서 이에 대해 진정성 있는 의심이 드는 순간 시작되는 것으로서, 오류가능성을 견지하면서 가설을 이용해 다시 믿음의 상태에 이르게 하는 일련의 과정'이다. 이러한 Peirce의 관점은 그가 제안한 탐구공동체서 이루어지는 탐구 역시 '진정 의심스러운 상황', '실제적 효과', '오류가능성', '가설', '믿음 상태' 등이 주요한 핵심이 되어야 함을 말해주고 있다(정용재, 2014).

이상에서 살펴본 Peirce의 탐구에 대한 관점을 바탕으로 정용재(2014)는 탐구공동체를 "진정한 의심의 상태나 문제 상황을 믿음의 상태나 확정적 상황으로 바꾸는 것을 목적으로, 구성원들이 목적을 공유하고 적극적인 참여자로서, 자유로우면서도 서로를 배려하면서 실제적 효과에 대한 관찰과 오류가능성을 견지하여, 최선의 설명과 해결책에 이르고자 끊임없이 노력하는 공동체"(p. 310)로 정의한 바 있다. 그리고 이러한 탐구공동체의 특징을 다음과 같이 5가지로 요약하여 제시하였다. 첫째, 탐구공동체에서 탐구는 진정한 의심의 상태나 진정한 흥미를 불러일으키는 문제 상황에 직면해서 시작된다. 둘째, 탐구공동체에서 탐구가 일시적으로 종료되는 시점은 진정한 믿음 상태나 확정적인 상황이다. 셋째, 탐구공동체에서 탐구는 실제적 효과의 관찰에 바탕을 둔 최선의 설명과 해결책을 시도하고, 그럼에도 불구하고 있을 수 있는 오류가능성을 인정한다. 넷째, 이상적으로 탐구공동체는 자유롭고 끊임없이, 그리고 무한히 탐구하는 공동체를 전제한다. 다섯째, 현실적으로 탐구공동체는 공동체 속에서 서로의 의견을 자유롭게 의사소통함으로써 서로에게 도움이 되고, 그로 인해 최선의 설명과 해결책에 도달하여, 구성원과 공동체 모두가 변화되는 공동체를 전제한다.

3.3.2 과학교실 탐구공동체

학교 과학교실에서의 탐구공동체는 어떤 모습으로 구현될 수 있을까? 이에 대해 정용재(2014)는 Peirce와 Dewey의 탐구 및 공동체에 대한 관점을 기반으로 하여 '과학교실 탐구공동체'(Community of Inquiry in Science Classroom: CoI-SC)를 제안한 바 있다. 그가 제안한 과학교실 탐구공동체는 "자연 현상이나 사물과 관련하여 진정한 의심의 상태를 믿음의 상태로 바꾸는 것을 목적으로, 참여자로서 목적을 공유한 구성원들이 실제적 효과에 대한 관찰과 오류가능성을 견지하면서 자유로운 의사소통을 통해 최선의 설명과 해결책에 이르고자 끊임없이 노력하는 교실 공동체"(정용재, 2014, p. 311)이다.

여기에서 '의심의 상태'와 '믿음의 상태'란 무엇일까? 이에 대한 Peirce와 Dewey의 관점을 살펴보자. Peirce는 의심의 상태를 '믿음이 깨져서 불안하고 불만족스러움을 느끼는 상태'(CP 5.372)라고 본 반면, Dewey는 '상황을 이루고 있는 구성원들의 확정적인 관계가 깨진 불확정적인 상황'이라고 보았다(Dewey, 1938). 또 Peirce의 관점에서 믿음의 상태는 '현상과 사물의 습관이 온전히 드러나 안정적이 된 상태'이고, Dewey의 관점에서는 '다시금 구성원들의 관계가 명료하고 안정화된 확정적 상황'이다(Dewey, 1938).

이러한 과학교실 탐구공동체에서 이뤄지는 탐구는 <그림 3.3>에서 볼 수 있는 바와 같이 크게 '문제인식', '가설설정', '가설검증', '문제해결' 등 4개의 과정으로 구성되어 있다(정용재, 2014).

<그림 3.3>은 과학교실 탐구공동체의 주요 탐구 대상을 원으로 설명한 것이다. 실선으로 표시한 위쪽 반원 화살표는 4개의 주요 탐구 과정을 나타낸 것이고, 점선으로 표시한 아래쪽 반원 화살표는 믿음 상태에서 의심 상태로 가는 과정, 즉, 탐구의 시작을 나타낸 것이다. 원의 안쪽은 대상과의 관계 측면에서 영

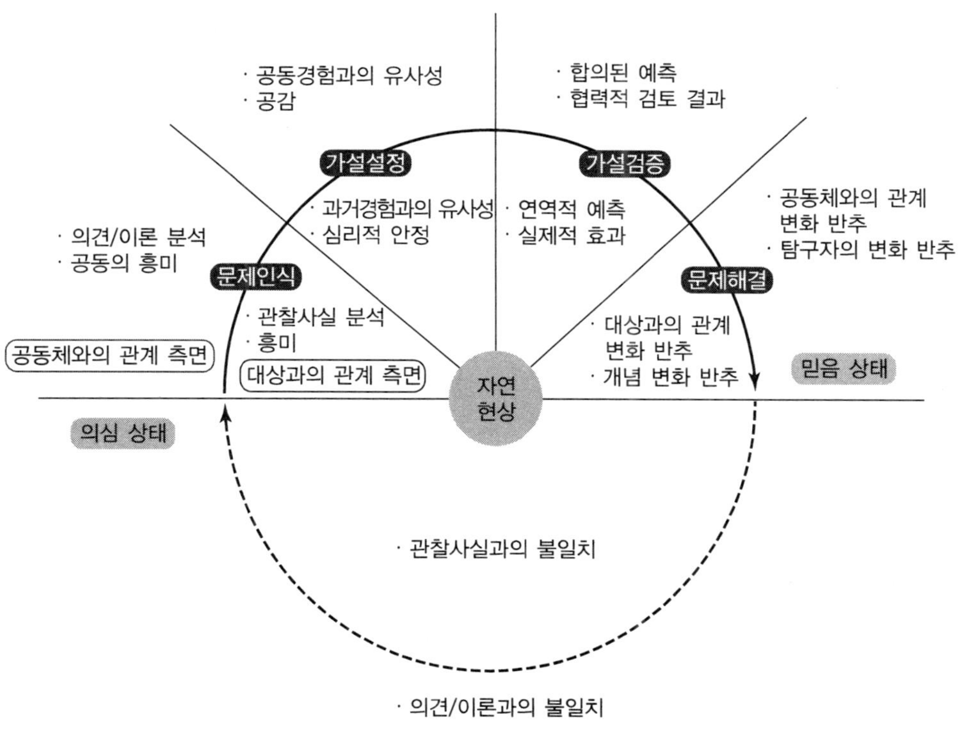

그림 3.3 과학교실 탐구공동체의 탐구 과정(정용재, 2014, p. 313)

향을 미치는 요소들이고, 바깥쪽은 공동체와의 관계 측면에서 영향을 미치는 요소들이다. 또 4개의 주요 탐구 과정에 의해 나눠진 4개의 분면에 있는 것들은 각 과정에 주요하게 영향을 미칠 것으로 판단되는 요소들이다.

과학교실 탐구공동체에서 이루어지는 탐구와 관련하여 정용재(2014)는 다음과 같이 '문제인식', '가설설정', '가설검증', '문제해결' 등 4개의 과정을 설명하고 있다. 이 4개의 탐구 과정 중 첫 번째 '문제인식'은 문제에 직면하여 의심의 상태가 되는 단계이다. Dewey의 탐구 이론으로 말하면 '불확정적 상황에 직면'하는 단계와 '문제 설정' 단계에 해당한다. '불확정적 상황에 직면'하는 것은 당황스러움과 불안을 느끼는 문제 상황에 직면하는 것이고(Dewey, 1938), 설명의 필요성을 느끼는 상황(Dewey, 1910)이다. 또 '문제 설정' 단계는 무엇이 문제인지를 명확히 하는 과정으로 문제를 진단하는 단계인데(Dewey, 1938), 이 두 과정은 동시에 일어나기도 한다(Dewey, 1910). 문제인식 과정은, 대상과의 관계 측면에서 '관찰 사실과의 불일치', '관찰 사실에 대한 분석', '흥미'에 영향을 받으며, 공동체와의 관계 측면에서는 '의견/이론과의 불일치', '의견/이론에 대한 분석', '공동의 흥미'에 영향을 받는다.

두 번째 '가설설정' 과정은 인식된 문제에 대해 임시적인 설명과 해결 방안을 제안하는 단계이다. 이는 Dewey의 '문제 해결책의 결정' 단계에 해당되기도 한다(Dewey, 1938; 박선영과 김회용, 2009). 이 과정에서 학습자는 가설을 설정하게 되는데, 이를 통해 무엇인가를 확인하면 문제 상황을 해결하여 의심의 상태를 벗어날 수 있는지를 결정하게 된다. 가설설정 과정은, 대상과의 관계 측면에서 학습자가 마주하는 대상이 얼마나 과거 경험과 유사한지('과거 경험과의 유사성')에 따라, 그리고 학습자의 심리가 얼마나 안정되었는지('심리적 안정')에 따라 영향을 받는다. 또한 공동체와의 관계 측면에서는 공동체 구성원들이 지닌 경험과 얼마나 통하는지('공동 경험과의 유사성') 그리고 이러한 경험들이 얼마나 함께 공유되고 공감되고 있는지('공감')에 따라 달라진다.

세 번째 단계인 '가설검증' 과정은 가설설정 과정에서 설정한 가설로부터 나온 실제적인 효과들을 연역적으로 예측하고, 이 예측이 실제 관찰되는지를 귀납적으로 확인함으로써 가설을 검증하는 단계이다. 가설의 설정과 검증 과정은 과학교육에서 이미 활용되고 있는 가설-연역적 방법(권용주 등, 2003)과 크게 다르지 않다. 이 과정도 대상 및 공동체와의 관계 속에서 다양한 영향을 받는다. 먼저, 대상과의 관계 측면에서 학습자가 연역적 과정을 통해 어떻게 예측하는지('연역적 예측')에 따라, 그리고 이러한 예측이 실제 현상과 잘 맞는지, 검증이 실제적으로 되었는지('실제적 효과')에 따라 영향을 받을 수 있다. 또한 학습자 개인을 넘어서, 공동체와의 관계에서 함께 합의한 예측의 방향('합의된 예측')과 이에 대해 공동체 내에서 함께 협력하여 점검한 결과('협력적 검토 결과')에 따라 가설검증 과정이 달라질 수 있다.

네 번째 단계인 '문제해결' 과정은 이상하고 의심스러웠던 상황이 설명되고, 문제 상황이 다시 확정적인 상황으로 전환되는 단계로서(Dewey, 1938), Peirce의 관점에서 보면 다시금 믿음의 상태(CP 5.375)에 이르게 된 단계이다. 특히 확정적인 상황이란 "오직 상황 전체(contextual whole) 속에서 연결되어 있는 대상들과 사건들"(Dewey, 1938, p. 72)을 전제로 하므로, 이는 개인의 머릿속에서 일어나는 인지적 변화만이 아니라 공동체 참여를 통한 관계와 정체성의 변화까지 포함한다. 물론, 이렇게 도달한 믿음의 상태는 항구적으로 지속되는 상태라기보다는 언제든 다시 의심의 상태로 갈 수 있는 잠정적인 최선의 상태이다(CP 5.397; Dewey, 1938). 이러한 문제 해결 과정은 대상과의 관계 측면에서, 학습자가 탐구 대상의 변화를 되돌아보며 점검하고('대상과의 관계 변화 반추'), 나아가 대상에 대한 나의 생각이 어떻게 달라졌는지 되돌아보는('개념 변화 반추') 과정에 따라 영향을 받는다. 또 공동체와의 관계 측면에서는, 탐구의 과정이 공동체 구성원들 간의 관계에 어떤 변화를 일으켰는지 되돌아보고('공동체와의 관계 변화 반추'), 탐구가 탐구자 자신에게는 어떠한 변화를 일으켰는지 살펴보는('탐구자의 변화 반추') 과정에 따라 달라질 수 있다.

한편, 과학교실 탐구공동체에서 의미 있는 탐구 과정을 구현하기 위해서는, 공동체가 지니고 있는 여러 특성들이 토대가 되어야 한다. 이러한 토대로서 정용재(2014)는 진정성, 개방성, 엄격성, 오류가능성 견지, 참여, 끊임없는 탐구 지향, 충분한 시간 등을 제안한 바 있다. 정용재와 장진아(2017)는 이를 다시 범주화하여, '탐구실행 의지', '탐구수행 태도', '의사소통 구조'로 제안하였다. 첫 번째 토대인 '탐구실행 의지'는 얼마나 적극적이고 충분하게 탐구를 실행하려는지 보여주는 의지이다. 여기에는 탐구에 대해 끊임없이 지향하는 의지와 마음으로('끊임없는 탐구 지향') 충분한 시간을 가지고('충분한 시간') 실질적으로 참여한다는('참여') 특징이 있다. 두 번째 토대인 '탐구수행 태도'는 끊임없는 탐구를 수행하기 위해 견지해야 할 태도를 말하는 것으로, 이를 위해서는 탐구 과정에 대한 엄격성과 오류가능성을 인식하는 것('엄격성의 견지', '오류가능성의 견지')이 필요하다. 세 번째 토대로서 '의사소통 구조'는 개방적인 의사소통을 말하는 것으로, 이는 탐구공동체가 기반을 두고 있는 진리와 실재에 대한 관점, 그리고 과학교실 탐구공동체가 기반을 두고 있는 공동체의 특성과 관련되어 있다.

요컨대, 결국, 과학교실 탐구공동체는 자연 현상이나 사물과 관련하여 의심의 상태를 믿음의 상태로 바꾸기 위해, '끊임없는 탐구 지향', '참여', '충분한 시간', '엄격성의 견지', '오류가능성의 견지', '개방적 의사소통 구조' 등을 바탕으로 하여, '문제인식', '가설설정', '가설검증', '문제해결'이라는 4개의 과정으로 끊임없이 탐구를 수행해 나가는 교실 공동체를 말한다.

앞서 언급했듯이, 20세기 중반 이후로 과학적 탐구는 과학교육의 중요한 목적으로 자리매김해 왔다(Bybee & DeBoer, 1994; DeBoer, 1991). 국내 학교 과학교육에서도 탐구는 지속적으로 강조되어 왔으며, 2007개정 과학과 교육과정부터 자유탐구가 도입되면서부터는 통합적이고 학생 주도적인 탐구가 더욱 강조되고 있다(교육부, 2007).

그러나 실제로 학교 과학수업에서 이뤄지는 탐구에 대해서는 다양한 문제점들이 지적되어 왔다. 예를 들어, 과학수업에서 탐구는 학생이 주도하면서 이뤄져야 하고 스스로 과학적 생각을 할 수 있어야 하지만, 많은 교사들은 이러한 환경을 잘 만들어 주지 못하는 것이다(Roth et al., 1999). 또 과학수업에서는 학생들이 진정으로 궁금해 하는 것을 해결하기보다 교사가 제시하는 정답을 맞추기 위한 탐구가 주를 이루고 있다는 비판도 있어왔다(Driver, 1983). 아울러서, 공동체 속에서 참여를 통해 실천 능력을 기르고 이에 따른 학습자의 정체성 변화에 이르는 총체적인 과정을 학습으로 볼 때, 학교 과학수업의 탐구는 이를 제대로 구현하지 못하고 있다는 비판도 있어왔다(Lave & Wenger, 1991). 즉, 과학자들은 실제적인 문제를 과학자 공동체 속에서 해결해가고 있지만(Roth, 1995), 학교 과학수업에서 이뤄지고 있는 탐구는 이러한 실제 과학자 공동체의 모습을 반영하지 못하고 있다는 점들이 지적된 것이다.

과학교실 탐구공동체는, 그것이 잘 구현된다면, 이와 같은 학교 과학 탐구의 어려움들을 극복하는 한 방안으로 기능할 수 있을 것이다. 앞서 언급한 바와 같이, 탐구공동체는 "진정한 의심의 상태나 문제 상황을 믿음의 상태나 확정적 상황으로 바꾸는 것을 목적으로, 구성원들이 목적을 공유하고 적극적인 참여자로서, 자유로우면서도 서로를 배려하면서 실제적 효과에 대한 관찰과 오류가능성을 견지하여, 최선의 설명과 해결책에 이르고자 끊임없이 노력하는 공동체"(정용재, 2014, p. 311)이다. 따라서 과학교실에서 탐구공동체가 구현된다면, 진정한 의심의 상태나 문제 상황, 즉, 실제적 문제나 학생 스스로에 의해 제기된 문제로부터 탐구가 시작되고, 개방적이고 민주적인 공동체와 참여를 중시함으로써 단순한 지식 습득을 위한 탐구보다는 실제 과학자 공동체의 모습이 반영된 탐구가 가능하게 될 것이다.

3.4 과학교실 탐구공동체 관점에서 본 학생들의 인식[5)]

이 절에서는 초등학생들이 과학수업을 어떻게 인식하고 있는지를 바탕으로 하여, 과학교실 탐구공동체의 관점에 비추어 볼 때, 실제 한국의 과학교실 실태가 어떠한지를 논의하고자 한다.

정용재와 장진아(2017)는 과학교실 탐구공동체 관점에서 접근한, '학생들의 과학수업 인식 조사 도구'를 개발하고, 이를 적용하여 초등학생의 과학수업 인식 조사를 수행한 바 있다. 조사 도구의 개발을 위해 정용재와 장진아(2017)는 공동체와 관련한 기존의 여러 조사 도구(천은겸 등, 2015; Arbaugh et al., 2008; Garrison, Cleveland-Innes, & Fung, 2010)를 토대로, '과학교실 탐구공동체 탐구과정(정용재, 2014, p. 313)'과 '과학교실 탐구공동체의 구현 조건(정용재, 2014, p. 313)'에 대한 내용을 설문 문항으로 구성하였다. 먼저, '과학교실 탐구공동체'에 대한 부분은 각 단계, 즉 문제인식, 가설설정, 가설검증, 문제해결 단계의 특

---

5) 이 절은 정용재와 장진아(2017)의 일부 내용을 요약, 발췌하고 재구성하여 작성되었다.

성이 나타나도록 작성된 '탐구수행 과정' 문항 세트(Likert 5점 척도 총 54개 문항)로 구성되었다. 그리고 '과학교실 탐구공동체의 구현 조건'에 대한 부분은 '개방성', '엄격성', '오류가능성의 견지', '참여', '끊임없는 탐구 지향', '충분한 시간'에 대한 내용이 반영된 '탐구수행 태도' 문항 세트(Likert 5점 척도 총 18개 문항)로 구성되었다. 1차로 개발된 조사 도구는 타당도와 신뢰도를 검증 받은 뒤, 검증 결과를 반영하여 설문 문항이 추가적으로 수정 보완되었다.

이러한 과정을 거쳐 정용재와 장진아(2017)는 '탐구수행 과정'과 '탐구수행 토대'라는 두 개의 문항세트로 구성된 조사 도구를 개발하였다. '탐구수행 과정'에 대한 세트는 '문제인식Ⅰ: 불일치 인식', '문제인식Ⅱ: 흥미', '문제원인설명Ⅰ: 가설설정 및 검증', '문제원인설명Ⅱ: 협력적 검토', '문제해결Ⅰ: 대상관계/개념 변화 반추', '문제해결Ⅱ: 공동체관계/탐구자 변화 반추'로 구성된다. '탐구수행 토대'에 대한 문항 세트는 '탐구실행 의지', '탐구수행 태도', '의사소통 구조'로 구성된다. 이렇게 개발된 '탐구수행 과정'과 '탐구수행 토대' 문항 세트의 구성은 각각 <표 3.1>과 <표 3.2>와 같다(조사도구의 전체 문항은 본 장의 『부록 3-1』과 『부록 3-2】 참조).

위와 같이 과학교실 탐구공동체 관점에서 접근한 '학생들의 과학수업 인식 조

표 3.1 '탐구수행 과정' 문항세트 구성

요인	문항 수	내용
문제인식Ⅰ: 불일치 인식	5	관찰사실과의 불일치. 의견/이론과의 불일치
문제인식Ⅱ: 흥미	5	흥미. 공동의 흥미
문제원인설명Ⅰ: 가설설정 및 검증	18	관찰사실 분석, 의견/이론 분석, 과거 경험과의 유사성, 심리적 안정, 공동 경험과의 유사성, 공감, 연역적 예측, 실제적 효과, 합의된 예측
문제원인설명Ⅱ: 협력적 검토	3	협력적 검토 결과
문제해결Ⅰ: 대상관계/개념 변화 반추	5	대상과의 관계 변화 반추, 개념 변화 반추,
문제해결Ⅱ: 공동체관계/탐구자 변화 반추	6	공동체와의 관계 변화 반추, 탐구자의 변화 반추
전체	42	

표 3.2 '탐구수행 토대' 문항세트 구성

요인	문항 수	내용
탐구실행 의지	8	끊임없는 탐구지향, 참여, 충분한 시간
탐구수행 태도	6	엄격성, 오류가능성 견지
의사소통 구조	3	개방성
총합	17	

사 도구'를 사용해 과학교실의 실태를 점검하였으며, 그 결과는 다음 <표 3.3>과 같다.

먼저, 학생들의 응답으로 말한다면, '문제인식Ⅰ: 불일치 인식'이 3.17, '문제인식Ⅱ: 흥미'가 3.46, '문제원인설명Ⅰ: 임시적 설명과 검증'이 3.37, '문제원인설명Ⅱ: 협력적 검토'가 3.44, '문제해결Ⅰ: 대상관계/개념 변화 반추'가 3.49, '문제해결Ⅱ: 공동체관계/탐구자 변화 반추'가 3.26이었다. 이를 통해, 과학교실 탐구공동체 관점에서 봤을 때 과학수업에서 일어나는 탐구 과정에 대해서는 전체적으로 긍정적 인식을 하고 있음을 알 수 있다(정용재와 장진아, 2017).

가장 높은 평균 점수를 보인 요인은 '문제해결Ⅰ: 대상관계/개념 변화 반추'(3.49)였는데, 특히, 43번 "과학수업이 끝날 때 나는 무엇을 새롭게 알게 되었는지 생각해 본다."(3.58)와 44번 "과학수업이 끝날 때 나는 내가 새롭게 경험한 것이 무엇이었는지 생각해 본다."(3.58) 문항의 점수가 개별 문항 전체 중에서 가장 높았다. 이는 학생들이 과학수업을 한 후에 자신이 어떤 것을 새롭게 경험

표 3.3 '탐구수행 과정' 관련 학생들의 인식 조사 결과(정용재와 장진아, 2017, p. 281)

요인	평균	표준편자
문제인식Ⅰ: 불일치 인식	3.17	.80
문제인식Ⅱ: 흥미	3.46	.81
문제원인설명Ⅰ: 가설설정 및 검증	3.37	.73
문제원인설명Ⅱ: 협력적 검토	3.44	.91
문제해결Ⅰ: 대상관계/개념 변화 반추	3.49	.83
문제해결Ⅱ: 공동체관계/탐구자 변화 반추	3.26	.84

하였고 어떤 것을 새롭게 알게 되었는지를 스스로 생각해보고 있다는 긍정적인 측면을 보여준다. 반면, 문제해결 단계의 또 다른 측면인 '문제해결Ⅱ: 공동체관계/탐구자 변화 반추'는 3.26에 그쳐, 6개의 요인 중 두 번째로 낮은 점수를 보였다. 학생들은 과학교실에서 이루어지는 탐구 과정 중 인지적 측면 외에는, 자신의 총체적인 변화나 공동체 속 관계의 변화에 대해 상대적으로 적게 반추하고 있는 것이다.

전체 6개의 요인 중 두 번째로 높은 점수를 보인 요인은 '문제인식Ⅱ: 흥미'(3.46)였다. 특히, 8번 "과학수업에서는 내가 관심 있어 하는 것을 다룬다."(3.47), 9번 "과학수업에서 다루는 것은 나의 미래를 준비하는 데에 필요한 것들이다."(3.53), 18번 "과학수업에서 다루는 것은 친구들 모두의 미래를 준비하는 데에 필요한 것들이다."(3.50)라는 응답에서 볼 수 있듯이, 연구에 참여한 학생들은 과학수업에서 다루는 탐구 문제들이 자신과 친구들의 흥미와 관계되어 있다고 생각하는 것이다.

반면, '문제인식Ⅰ: 불일치 인식'(3.17) 요인에 대해서는 상대적으로 가장 긍정적이지 않은 응답을 보였다. 특히, 2번 "과학수업은 '이상하다. 내가 평소에 관찰하던 것과는 차이가 나네.'라는 의문을 갖게 하면서 시작한다."(3.00)와 "과학수업은 '이상하다. 다른 사람은 왜 나와 다르게 생각하지?'라는 의문을 갖게 하면서 시작한다."(3.05)에 대한 응답은 개별 문항 전체에서 가장 낮은 평균을 보였다. 물론 이들 문항의 점수 역시 3.00 이상이기 때문에 학생들의 인식 자체가 부정적인 것은 아니지만, 과학수업이라는 것이 기존에 알고 있던 바와는 다른 이상하고 의심스러운 현상을 탐구하는 것으로부터 시작한다고 인식하는 경우는 상대적으로 적었던 것이다. 기존의 자기 생각과 다른 현상을 접하면서 발생하는 인지적 갈등은 그동안 과학 개념 학습에서 강조되어온 바다(Posner et al., 1982). 또, 이상하고 궁금증을 유발하는 현상은 탐구의 시작 단계에서 매우 중요하게 다루어져 왔다(엄주경과 이길재, 2015; 이혜정 등, 2004; 장진아와 송진웅, 2015; CP 5.374; Dewey, 1938). 이와 같이 탐구에서 불일치 혹은 이상하고 의심스러운 현상에 직면하는 것이 중요함에도 불구하고, '문제인식Ⅰ: 불일치 인식'에 대한 학생들의 인식이 상대적으로 낮았다는 것은 학생들 스스로 의문을 던질 수 있도록 해주는 방안을 좀 더 적극적으로 모색할 필요가 있음을 시사해준다(정용재와 장진아, 2017).

한편, 과학교실 탐구공동체 관점에서 접근한 '학생들의 과학수업 인식 조사 도구'를 사용해 초등학생들의 '탐구수행 토대'에 대한 인식을 조사하였다. 그 결과는 <표 3.4>와 같은데, 과학교실 탐구공동체 관점에서 볼 때 과학수업에서 일어나는 탐구수행의 토대와 관련해서도 전체적으로 긍정적 인식을 하고 있음을 보여주었다(정용재와 장진아, 2017).

탐구수행의 토대와 관련하여 가장 높은 평균 점수를 보인 요인은 의사소통 구조의 개방성에 대해 물은 '의사소통 구조'(3.68)였다. 특히, 56번 "과학수업에서는 여러 친구들의 다양한 의견을 서로 존중한다."(3.78)에 대한 응답은 개별 문항 전체에서 가장 높은 점수를 보였다. 또, 55번 "과학수업에서는 자기 생각을 서로 자유롭게 얘기할 수 있다."(3.65)와 57번 "과학수업에서는 서로 다른 생각을 가진 친구들끼리도 활발하게 토의할 수 있다."(3.62)는 각각 개별 문항 전체에서 세 번째와 네 번째로 높게 나타났다. 이는 과학수업에서는 서로의 의견을 존중하면서 자유롭고 활발하게 토의하는 분위기가 갖춰져 있다고 인식하고 있음을 보여준다(정용재와 장진아, 2017).

이러한 긍정적인 인식은 65번 "과학수업에서 우리는 문제를 해결하기 위해 친구들과 함께 적극적으로 참여한다."(3.67), 67번 "과학수업에서 우리는 해결하고자 하는 문제를 끝까지 해결하려고 한다."(3.58)와 같이 '탐구실행 의지' 요인에서도 일부 나타났다. 이러한 결과는, 과학수업에서는 적극적으로 끝까지 탐구하고자 하는 의지와 이를 위한 토대가 대체로 갖춰져 있다고 학생들이 인식하고 있음을 보여준다(정용재와 장진아, 2017).

표 3.4 '탐구수행 토대' 관련 학생들의 인식 조사 결과(정용재와 장진아, 2017, p. 283)

요인	평균	표준편차
탐구실행 의지	3.50	.74
탐구수행 태도	3.27	.78
의사소통 구조	3.68	.83

반면, 연구에 참여한 학생들은 엄격성과 오류가능성의 견지를 포함하는 '탐구수행 태도'(3.27)에서 상대적으로 가장 낮은 점수를 보였다. 특히, 60번 "과학수업에서는 누구의 주장이 더 타당한지 엄격하게 따진다."(3.01)는 17개 전체 개별 문항 중에서 가장 점수가 낮았고, 58번 "과학수업에서는 주장을 뒷받침하는 증거가 맞는지 엄격하게 따진다."(3.20)가 두 번째로 낮았다. 이는 과학수업에서 주장과 증거의 타당성을 엄격하게 따지는 것에 대해서는 상대적으로 긍정적인 인식을 하고 있지 않았음을 보여준다. 과학에서는 증거가 주장을 뒷받침하는 중요한 역할을 하고(Mahner & Bunge, 1996), 논리적이고 비판적인 시각으로 엄밀한 검토를 하는 것이 중요하다는(강석진과 노태희, 2014) 점에서 볼 때, 엄격성과 오류가능성의 견지는 탐구수행의 중요한 토대라고 할 수 있다. 그러나 이 두 가지를 포함하는 '탐구수행 태도'에 대한 학생들의 인식 수준이 상대적으로 덜 긍정적이었다는 연구 결과는, 과학수업에서 이루어지는 탐구 과정에서 엄격성과 오류가능성의 견지를 장려하는 방안이 좀 더 강구될 필요가 있음을 시사한다(정용재와 장진아, 2017).

요컨대, 불일치에 기초한 문제인식, 탐구자의 변화 및 공동체와의 관계 변화 반추를 동반하는 문제해결, 그리고 엄격성과 오류가능성을 견지하는 탐구수행 태도 등 상대적으로 긍정적이지 않은 부분에 대한 적절하고도 실행 가능한 방안이 강구될 수 있다면, 과학교실 탐구공동체의 모습이 좀 더 충실하게 반영된 과학교실이 될 수 있으리라 여겨진다.

3.5 동아시아 과학교실과 탐구공동체의 구현

본 장에서는 학습과 공동체의 관계를 개괄적으로 논의하고, 과학교실이 가져야 할 의미와 특징으로 기대되는 한 가지로 탐구공동체에 대해 논의한 후, 과학교실 탐구공동체의 관점에서 본 현행 과학교실의 모습에 대한 학생들의 인식을 살펴보았다. 즉, 학습이 공동체와 무관하게 이뤄질 수 없다는 주장들에 대해 논의하였다. 또한 이를 토대로, "자연 현상이나 사물과 관련하여 진정한 의심의 상태를 믿음의 상태로 바꾸는 것을 목적으로, 참여자로서 목적을 공유한 구성원들이 실제적 효과에 대한 관찰과 오류가능성을 견지하면서 자유로운 의사소통을 통해 최선의 설명과 해결책에 이르고자 끊임없이 노력하는 교실 공동체"(정용재, 2014, p. 311)인 과학교실 탐구공동체의 의미와 '문제인식, 가설설정, 가설검증, 문제해결'이라는 과학교실 탐구공동체의 탐구 과정에 대해 논의하였다. 그리고 과학교실 탐구공동체의 관점에서 학생들의 인식을 조사하기 위한 도구를 개발하여 인식을 조사한 결과, 학생들은 대체로 긍정적인 인식을 하고 있었지만 몇몇 요소에 대해서는 상대적으로 덜 긍정적인 인식을 하고 있었다는 선행 연구 결과를 제시하였다.

이러한 본 장의 논의 결과는 다음과 같은 몇 가지 시사점을 제시해주고 있다. 첫째, 동아시아 과학교실에서 탐구공동체가 구현되기 위해서는 동아시아가 처해 있는 사회문화적 배경에 대한 고려가 필요하다. 앞서 논의하였듯이 학습은 공동체의 문화와 규칙, 가치 등과 무관하게 이루어지지 않는다(Dewey, 1916; Engeström, 1987 & 2001; Lave & Wenger, 1991; Leont'ev, 1978; Rogoff, 1990; Vygotsky, 1978). 공동체의 문화와 규칙, 가치 등이 학습의 양상과 특징에 영향을 끼치는 모습은 우리나라 교육현장에서도 찾아볼 수 있다. 현재 우리 교육은 교육의 핵심 주체인 학습자들이 점점 학습에 대해 능동적으로 참여하지 않고, 성적으로 인한 획일화, 서열화, 몰 개성화에 빠져 들고 있는 실정이다(박수홍 등, 2015). 또한 우리나라 학생들은 PISA, TIMSS 등 국제학업성취도 평가에서 성적은 최상위권이지만, 학습에 대한 관심과 태도 측면에서는 상대적으로 매우 낮은 성취도를 보이고 있다(OECD, 2010; 한국교육과정평가원, 2012). 과학수업 시간의 거의 90% 이상 동안 학생들은 아무런 발화를 하지 않는 침묵 상태에 있다(최준영 등, 2015). 이러한 어려움에는 여러 가지가 있겠지만, 무엇보다 우리 사회가 바탕하고 있는 유교적 문화, 중앙 집중적이고 수직적인 소통문화, 효율성과 성과중심의 사회문화, 정답 중심의 교육문화, 자기수련 중심의 학습관과 권위주의적인 교사관 등이 큰 원인으로 보인다. 왜냐하면, 인지적인 성취도가 뛰어난 반면 학습과 수업에 대한 참여도가 떨어지고 정의적인 측면의 성취 역시 떨어지는 모습은 비교적 유사한 문화를 가진 동아시아 국가들에서 공통적으로 보이는 특징이기 때문이다(Song, 2013). 개인보다는 전체를 중시하거나(Nisbett, 2003)

교사의 지도나 의견에 대해 수용적인 태도를 중시하는 분위기(최규리 등, 2009; Gerber & Williams, 2002; Tobin & Roth, 2007)는 동아시아 유교문화에 바탕을 두고 있는 모습임을 잘 보여준다. 실제로 우리나라 혹은 동아시아 과학교실의 환경과 문화에 대한 최근 연구들(Ng, 2001; 강길호, 2009; 최준영 등, 2015)에 의하면, 학생들은 동아시아적 전통과 문화의 영향으로 서구 문화권에 비해 집단 지향적이고 소극적이며 체면을 중시하고 자신의 목소리를 낮추는 경향이 높았다(송진웅과 나지연, 2015). 유사하게, 교사가 교육의 주체로 인식된 상태에서 교실은 교사가 학생에게 지식과 정보를 전달하고 학생은 지식과 정보를 받는 공간으로 여겨져 왔는데(한준상, 2011), 이러한 교사 중심의 교실문화는 교실 소통 구조의 왜곡과 소통의 부재를 야기하고 있다. 아울러 이러한 교실문화는 교사가 가르치는 객관적이고 확실한 '정답'을 학생이 수용해야 한다는 신념으로 이어지게 되고, 이러한 신념은 교실에서 학생 중심의 탐구를 수행하는 데에도 부정적인 영향을 끼친다(Chang & Song, 2016).

동아시아 과학교실이 지니는 위와 같은 특징들을 감안할 때, 본 장에서 살펴본 결과들은 과학교실에서의 수업과 학습자들을 바라보는 새로운 관점을 제시했다는 점에서 의미가 있다. 즉, '정답'을 찾는 과학수업이 아니라 현상에 대해 협력적으로 탐구하는 활동, 그리고 그것을 이루어나가는 공동체로서의 과학교실을 제시한 것이다. 과학교실에 대한 이러한 해석은 교육의 의미를 새롭게 해줄 것이라 기대한다. 물론 과학교실 탐구공동체 활동으로서의 의미 있는 과학수업을 구현하려면, 동아시아의 사회문화적 특징에 대한 적절하고도 심도 있는 분석이 선행되어야 할 것이다.

이러한 맥락에서 볼 때, 본 장에서 소개한바 한국 초등학교 과학교실에 대한 조사 결과는 과학교실 탐구공동체를 향한 어려움과 가능성을 동시에 볼 수 있게 해 주었다. 동아시아의 과학교실에서 탐구공동체가 구현되기 위해서는 좀 더 개방적인 의사소통 구조와 능동적인 구성자로서의 학습자를 바라보는 관점 등에 주의를 기울일 필요가 있다. 앞서 논의했듯이 탐구공동체는 "진정한 의심의 상태나 문제 상황을 믿음의 상태나 확정적 상황으로 바꾸는 것을 목적으로, 구성원들이 목적을 공유하고 적극적인 참여자로서, 자유로우면서도 서로를 배려하면서 실제적 효과에 대한 관찰과 오류가능성을 견지하여, 최선의 설명과 해결책에 이르고자 끊임없이 노력하는 공동체"(정용재, 2014, p. 310)로서 구성원들의 진정성 있는 참여와 자유롭고 개방적인, 그리고 끊임없는 탐구를 전제하기 때문이다. 이런 측면에서 볼 때, 대체로 우리나라 초등학생들이 과학수업을 개방적인 의사소통 구조로 인식하고 있다는 정용재와 장진아(2017)의 연구 결과는 긍정적인 기대를 갖게 한다.

둘째, 과학교실 탐구공동체가 실제 동아시아 과학교실에서 충분히 구현되기 위해서는 학습의 결과를 인지적 측면으로만 볼 것이 아니라, 공동체 속에서의 관계의 변화를 포함한 학습자의 총체적인 변화에도 주목해야 한다. 또한 학생들로 하여금 스스로에게 의문을 던지게 하는 상황을 장려하고, 엄격성과 오류가능성에 대해서도 견지할 수 있도록 장려하는 방안을 좀 더 모색할 필요가 있다. 앞서 살펴본 정용재와 장진아(2017)의 연구 결과는 위에서 언급한 세 가지 요소들에 대한 학생들의 인식이 부정적인 인식까지는 아니지만 상대적으로 덜 긍정적임을 보여주었다. 그러나 역시 앞서 논의하였듯이, 이 세 가지 요소는 모두 과학교실 탐구공동체를 구현하는 데에 중요한 역할을 담당하는 요소들이다. 이것들을 장려하는 방안이 모색되고 실천될 때 과학교실 탐구공동체의 구현은 조금 더 앞당겨질 수 있을 것이다.

아울러, 동아시아 과학교실 탐구공동체를 구현하기 위한 프로그램, 혹은 과학교실 탐구공동체의 특징을 살려 수행할 수 있는 프로그램을 개발하고, 그 적용 효과와 프로그램 구성요소들의 역할을 분석하는 연구가 필요하다. 과학교실 탐구공동체와 관련된 이러한 프로그램의 개발과 적용 결과 분석 연구는 과학교실에서 탐구공동체가 구현되는 데에 필요한 다양한 조건들과 그 효과에 대한 분석을 가능하게 할 것이다.

본 장에서 논의한 과학교실 탐구공동체는 추후 좀 더 정교화 되고 그 실효성에 대한 검증 등이 보완될 필요가 있다. 이러한 추후 연구와 실천을 통한 과학교실 탐구공동체 구현 노력이 동아시아 과학교실에서 참된 탐구가 이루어지는 데 기여할 수 있기를 기대해 본다.

부록 3.1 과학교실 탐구공동체 관점 기반 과학수업 인식 조사 도구('탐구수행 과정')

문항 번호	원 번호	문 항	① 전혀 그렇지 않다	② 그렇지 않다	③ 보통이다	④ 그렇다	⑤ 매우 그렇다
1	1	과학수업에서는 내가 평소에 관찰했던 것과는 다른 현상을 제시한다.	①	②	③	④	⑤
2	2	과학수업은 "이상하다. 내가 평소에 관찰하던 것과는 차이가 나네."라는 의문을 갖게 하면서 시작한다.	①	②	③	④	⑤
3	10	과학수업에서는 내가 평소에 알고 있던 것과는 다른 지식이나 이론들을 제시한다.	①	②	③	④	⑤
4	11	과학수업은 "이상하다. 내가 알고 있던 지식과 다르네."라는 의문을 갖게 하면서 시작한다.	①	②	③	④	⑤
5	12	과학수업은 "이상하다. 다른 사람은 왜 나와 다르게 생각하지?"라는 의문을 갖게 하면서 시작한다.	①	②	③	④	⑤
6	7	과학수업에서 다루는 것은 나의 일상생활에도 영향을 미친다.	①	②	③	④	⑤
7	8	과학수업에서는 내가 관심 있어 하는 것을 다룬다.	①	②	③	④	⑤
8	9	과학수업에서 다루는 것은 나의 미래를 준비하는 데에 필요한 것들이다.	①	②	③	④	⑤
9	16	과학수업에서 다루는 것은 친구들 모두의 일상생활에도 영향을 미친다.	①	②	③	④	⑤
10	18	과학수업에서 다루는 것은 친구들 모두의 미래를 준비하는 데에 필요한 것들이다.	①	②	③	④	⑤
11	6	과학수업에서 나는 내가 한 관찰에서 어떤 점을 설명해야 하는지를 명확히 하고 탐구를 시작한다.	①	②	③	④	⑤
12	13	나는 과학수업에서 제시된 지식이나 이론이 평소에 내가 알고 있던 것과 어떻게 다른지 비교해 본다.	①	②	③	④	⑤
13	14	과학수업에서 나는 내 의견과 다른 사람의 의견이 어떻게 다른지 비교해 본다.	①	②	③	④	⑤
14	15	과학수업에서 나는 어떤 의견이나 지식을 검토해야 하는지를 명확히 하고 탐구를 시작한다.	①	②	③	④	⑤
15	19	과학수업에서 나는 어떤 현상을 설명하기 위해 예전의 경험에 비추어 나 나름대로의 설명을 시도한다.	①	②	③	④	⑤
16	20	과학수업에서 나는 어떤 현상을 설명하기 위해 수업 시간에 관찰한 것과 예전에 경험한 것의 공통점을 생각해 본다.	①	②	③	④	⑤

부록 3.1 (계속)

문항 번호	원 번호	문 항	① 전혀 그렇지 않다	② 그렇지 않다	③ 보통이다	④ 그렇다	⑤ 매우 그렇다
17	21	과학수업에서 나는 어떤 현상을 설명하기 위해 수업 시간에 관찰한 것과 예전에 경험한 것의 차이점을 생각해 본다.	①	②	③	④	⑤
18	22	과학수업에서 나는 궁금증을 해결하기 위해 나 나름대로의 설명을 시도한다.	①	②	③	④	⑤
19	26	과학수업에서 우리는 어떤 현상을 설명하기 위해 수업 시간에 관찰한 것과 예전에 우리가 경험한 것의 공통점을 함께 생각해 본다.	①	②	③	④	⑤
20	27	과학수업에서 우리는 어떤 현상을 설명하기 위해 수업 시간에 관찰한 것과 예전에 우리가 경험한 것의 차이점을 함께 생각해 본다.	①	②	③	④	⑤
21	28	과학수업에서 우리는 궁금증을 해결하기 위해 친구들과 함께 우리 나름대로의 설명을 시도한다.	①	②	③	④	⑤
22	31	과학수업에서 나는 나 나름대로의 설명이 맞는지 확인하기 위해서는 어떤 것을 반드시 알아봐야 하는지 생각해 본다.	①	②	③	④	⑤
23	32	과학수업에서 나는 나 나름대로의 설명이 맞는다면 반드시 일어나야 되는 현상이 무엇인지 생각해 본다.	①	②	③	④	⑤
24	33	과학수업에서 나는 나 나름대로의 설명이 맞는다면 절대 일어나서는 안 되는 현상이 무엇인지 생각해 본다.	①	②	③	④	⑤
25	35	과학수업에서 나는 나 나름대로의 설명이 맞는지 확인하기 위해 눈이나 귀 등 감각을 통해 확인할 수 있는 증거를 찾는다.	①	②	③	④	⑤
26	36	과학수업에서 나는 실제로 관찰되는 증거가 없으면 나 나름대로의 설명이 틀릴 수도 있다고 판단 내린다.	①	②	③	④	⑤
27	37	과학수업에서 우리는 우리 나름대로의 설명이 맞는지 확인하기 위해서는 어떤 것을 반드시 알아봐야 하는지 함께 생각해 본다.	①	②	③	④	⑤
28	38	과학수업에서 우리는 우리 나름대로의 설명이 맞는다면 반드시 일어나야 되는 현상이 무엇인지 함께 생각해 본다.	①	②	③	④	⑤

부록 3.1 (계속)

문항 번호	원 번호	문 항	① 전혀 그렇지 않다	② 그렇지 않다	③ 보통이다	④ 그렇다	⑤ 매우 그렇다
29	40	과학수업에서 우리는 실험 결과가 어떤지에 대해서 함께 토의한다.	①	②	③	④	⑤
30	41	과학수업에서 우리는 실험 방법이 적절한지에 대해서 함께 토의한다.	①	②	③	④	⑤
31	42	과학수업에서 우리는 실험 결과를 바탕으로 처음 우리 나름대로의 설명이 맞는지 함께 토의한다.	①	②	③	④	⑤
32	43	과학수업이 끝날 때 나는 무엇을 새롭게 알게 되었는지 생각해 본다.	①	②	③	④	⑤
33	44	과학수업이 끝날 때 나는 내가 새롭게 경험한 것이 무엇이었는지 생각해 본다.	①	②	③	④	⑤
34	45	과학수업이 끝날 때 나는 내가 어떤 점을 설명할 수 있게 된 것인지 생각해 본다.	①	②	③	④	⑤
35	46	과학수업에서 나는 나의 처음 생각과 수업이 끝날 때 생각을 비교해 본다.	①	②	③	④	⑤
36	47	과학수업이 끝날 때 나는 나의 처음 생각이 변했는지, 아니면 더욱 확실해졌는지 생각해 본다.	①	②	③	④	⑤
37	49	과학수업이 끝날 때 나는 나의 활동이 친구들에게 도움이 되었을지 생각해 본다.	①	②	③	④	⑤
38	50	과학수업이 끝날 때 나는 내가 우리 반 과학수업에 어떤 영향을 주었을까 생각해 본다.	①	②	③	④	⑤
39	51	과학수업이 끝날 때 나는 내가 친구들과 더욱 가까워졌는지 아닌지 생각해 본다.	①	②	③	④	⑤
40	52	과학수업이 끝날 때 나는 과학에 대한 나의 흥미에 변화가 생겼는지 생각해 본다.	①	②	③	④	⑤
41	53	과학수업이 끝날 때 나는 과학에 대한 나의 자신감에 변화가 생겼는지 생각해 본다.	①	②	③	④	⑤
42	54	과학수업이 끝날 때 나는 과학에 대해 좀 더 알고 싶어졌는지 생각해 본다.	①	②	③	④	⑤

부록 3.2 과학교실 탐구공동체 관점 기반 과학수업 인식 조사 도구('탐구수행 토대')

문항 번호	원 번호	문 항	① 전혀 그렇지 않다	② 그렇지 않다	③ 보통이다	④ 그렇다	⑤ 매우 그렇다
1	65	과학수업에서 우리는 문제를 해결하기 위해 친구들과 함께 적극적으로 참여한다.	①	②	③	④	⑤
2	66	과학수업에서 우리는 모두가 열심히 참여할 수 있도록 서로를 격려한다.	①	②	③	④	⑤
3	67	과학수업에서 우리는 해결하고자 하는 문제를 끝까지 해결하려고 한다.	①	②	③	④	⑤
4	68	과학수업에서 우리는 문제 해결에 여러 번 실패해도 다시 도전한다.	①	②	③	④	⑤
5	69	과학수업에서 우리는 문제가 한 번 해결되었어도 다시 한 번 되짚어 탐구한다.	①	②	③	④	⑤
6	70	과학수업에서는 우리가 문제를 해결하는 데에 충분한 시간이 주어진다.	①	②	③	④	⑤
7	71	과학수업에서는 우리가 실험 결과를 토의할 충분한 시간이 주어진다.	①	②	③	④	⑤
8	72	시간이 부족한 경우에는 정해진 과학수업 시간이 끝난 후에도 탐구할 수 있는 시간이 주어진다.	①	②	③	④	⑤
9	58	과학수업에서는 주장을 뒷받침하는 증거가 맞는지 엄격하게 따진다.	①	②	③	④	⑤
10	59	과학수업에서는 실험 과정에 오류는 없었는지 엄격하게 따진다.	①	②	③	④	⑤
11	60	과학수업에서는 누구의 주장이 더 타당한지 엄격하게 따진다.	①	②	③	④	⑤
12	61	과학수업에서는 현재의 과학 지식이 나중에는 올바르지 않은 것이 될 수도 있음을 강조한다.	①	②	③	④	⑤
13	62	과학수업에서는 나의 주장이 틀릴 수도 있다고 생각하는 태도를 강조한다.	①	②	③	④	⑤
14	63	과학수업에서는 내 생각보다 더 적절한 생각이 있을 수 있다고 생각하는 태도를 강조한다.	①	②	③	④	⑤
15	55	과학수업에서는 자기 생각을 서로 자유롭게 얘기할 수 있다.	①	②	③	④	⑤
16	56	과학수업에서는 여러 친구들의 다양한 의견을 서로 존중한다.	①	②	③	④	⑤
17	57	과학수업에서는 서로 다른 생각을 가진 친구들끼리도 활발하게 토의할 수 있다.	①	②	③	④	⑤

reference

참고문헌

강길호 (2009). 양자체면이론: 한국적 커뮤니케이션 이론화의 시도. 스피치와 커뮤니케이션 12: 106-131.

권용주, 정진수, 박윤복, 강민정 (2003). 선언적 과학 지식의 생성 과정에 대한 과학철학적 연구. 한국과학교육학회지, 23(3), 215-228.

교육부 (2007). 2007개정 과학과 교육과정.

김동식 (2002). 프래그머티즘. 서울: 아카넷.

박선영, 김회용 (2009). 듀이 이론을 통해 파악한 립맨 철학적 탐구공동체의 특징. 교육의 이론과 실천, 14(3), 25-48.

박수홍, 이용희, 김현재, 홍광표 (2015). 메타포 분석을 활용한 현재교육체제와 미래교육체제의 이미지 차이 분석 연구. 교사교육연구, 54(1), 31-45.

송진웅, 나지연 (2015). 2015 과학과 교육과정 개정의 주요 방향 및 쟁점 그리고 과학교실문화. 현장과학교육, 9(2), 72-84.

엄주경, 이길재 (2015). 초등과학영재와 일반학생의 과학적 의문 생성 패턴 분석. 한국과학교육학회지, 35(4), 537-548.

이선경, 신명경, 김찬종 (2008). 과학탐구공동체 제안을 위한 사회과학적 학습 자료로서 자연사박물관전시의 교육적 잠재성 탐색: 지진 주제를 중심으로. 한국지구과학회지, 29(6), 506-519.

이혜정, 정진수, 박국태, 권용주 (2004). 연구논문: 초등학생들과 초등예비교사들이 관찰활동에서 생성한 과학적 의문의 유형. 한국과학교육학회지, 24(5), 1018-1027.

임병갑 (1999). 과학탐구와 윤리탐구의 <통합 프로그램>을 위한 기초: 듀이의 탐구 이론과 타가드의 연결주의 프로그램을 중심으로. 고려대학교 박사학위논문.

장진아, 송진웅 (2015). 초등학교 과학수업의 탐구활동에서 형성되는 교실 규범의 특징에 대한 사례 연구. 한국과학교육학회지, 35(2), 303-312.

정용재 (2014). '탐구공동체'의 과학교육적 함의에 대한 이론적 고찰: '과학교실 탐구공동체'를 향해서. 한국과학교육학회지, 34(3), 303-319.

정용재 (2018). 과학교실 탐구공동체: 이론적 배경과 구현을 위한 준비, 서울: 북스힐.

정용재, 송진웅 (2006). Peirce의 귀추법에 관한 이론적 고찰을 통한 과학교육적 함의 탐색. 한국과학교육학회지, 26(6), 703-722.

정용재, 장진아 (2017). '과학교실 탐구공동체' 관점 기반 과학수업 인식 조사 도구 개발 및 적용. 한국과학교육학회지, 37(2), 273-290

정용재, 천은겸 (2014). 국내 '실행공동체' 관련 연구 동향 분석: 초등 과학교육 연구에 주는 시사점을 중심으로. 초등과학교육, 33(3), 464-478.

정해창 (2005). 프래그마티시즘: 퍼스의 미완성 체계. 서울: 청계

천은겸, 나지연, 정용재, 송진웅 (2015). "실행공동체" 관점에서 과학 교실문화 분석을 위한 조사도구의 개발 및 적용. 한국과학교육학회지, 35(1), 131-142.

최규리, 최경희, 이현주 (2009). 과학교사들의 실천적 지식 탐색을 통한 중학생의 학습 양식 유형 분석, 9(1). 1-18.

최준영, 나지연, 송진웅 (2015). 과학수업에서 나타나는 학생들의 행동적 참여 분석을 위한 영상 분석 도구의 개발. 한국과학교육학회지, 35(2), 247-258.

조성민 (2008). 탐구공동체 활동을 통한 도덕과 토론·논술 연계지도. 윤리철학교육, 10, 1-22.

한국교육과정평가원 (2012). 수학/과학 성취도 추이변화 국제비교 연구(TIMSS 2011) 결과 발표. 12월 11일자 보도자료.

한준상 (2011). 배움: 미래교육의 새로운 관점. 미래교육연구, 1(1), 1-8.

Arbaugh, J. B., Cleveland-Innes, M., Diaz, S. R., Garrison, D. R., Ice, P., Richardson, J. C., & Swan, K. P. (2008). Developing a community of inquiry instrument: Testing a measure of the Community of Inquiry framework using a multi-institutional sample. Internet and Higher Education, 11, 133-136.

Barab, S. A., Hay, K., & Duffy, T. M. (1998). Grounded constructions and how technology can help. Technology Trends, 43(2), 15-23.

Burgh, G., & Nichols, K. (2012). The parallels between philosophical inquiry and scientific inquiry: Implications for science education. Educational Philosophy and Theory, 44(10), 1045-1059.

Bybee, R. W. & DeBoer, G. E.(1994). Research on goals for the science curriculum. In Gabel, D. L. (ed.) Handbook of Research on Science Teaching and Learning, 357- 387. New York: Macmillan Publishing Company.

Chang, J., & Song, J. (2016). A case study on the formation and sharing process of science classroom norms. International Journal of Science Education, 38(5), 747-766.

Crawford, B. A., Krajcik, J. S., & Marx, R. W. (1999). Elements of a community of learners in a middle school science classroom. Science Education, 83(6), 701-723.

Curd, M. V. (1980). The logic of discovery: An analysis of three approaches. In B. A. Brody & R. E. Grandy(1989) (Eds.) Readings in the philosophy of science, (pp. 417-430). Englewood Cliffs, N.J. : Prentice Hall.

DeBoer, G. E. (1991). A history of ideas in science education; Implication for practices. New York: Teachers College Press.

Dewey, J. (1916). Democracy and education. New York: Macmillan. Reprinted, Dover Publication, Mineola, NY, 2004.

Dewey, J. (1938), Logic: The theory of inquiry. New York: Henry Holt and Company, Reprinted as pp. 1-527 in John Dewey, The Later Works, 1925-1953, Volume 12: 1938, Jo Ann Boydston (Ed.), Kathleen Poulos (text. ed.), Ernest Nagel (intro.), Southern Illinois University Press, Carbondale and Edwardsville, IL, 1986.

Driver, R. (1983). The pupils as scientist? Milton Keynes: Open University Press.

Engeström, Y. (1987). Learning by expanding: An activity-theoretical approach to developmental research. Helsinki: Orienta-Konsultit.

Engeström, Y. (1999). Expansive visibilization of work: An activity-theoretical perspective. Computer Supported Cooperative Work, 8, 63-93.

Engeström, Y. (2001). Expansive learning at work: Toward an activity theoretical reconceptualization. Journal of Education and Work, 14(1), 133-156.

Garrison, D. R., & Arbaugh, J. B. (2007). Researching the community of inquiry framework: Review, issues, and future directions. The Internet and Higher Education, 10(3), 157-172.

Garrison, D. R., Cleveland-Innes, M., & Fung, T. S. (2010). Exploring causal relationships among teaching, cognitive and social presence: Student perceptions of the community of inquiry framework. Internet and Higher Education, 13, 31-36.

Gerber, R., & Williams, M. (Eds.) (2002). Geography, culture, and education. Boston: Kluwer Academic Publishers.

Joung, Y. J. (2008). A 5-year-old's initiation into scientific ways of knowing. In Y, -J, Lee and A. -L. Tan (Eds.) Science education at the nexus of theory and practice (pp. 317-332). Rotterdam: Sense Publishers.

Kieffer, K. M. (1998). Orthogonal versus oblique factor rotation: A review of the literature regarding the pros and cons. ERIC (ED427031).

Lave, J., & Wenger, E. (1991). Situated learning: Legitimate peripheral participation.. New York: Cambridge university press.

Leont'ev, A. N. (1978). Activity, Consciousness, and Personality. (Translated by M. J. Hall) Englewood Cliffs: Prentice-Hall.

Ng, A. K. (2001) Why Asians are less creative than Westerners. Prentice Hill.

Nisbett, R. E. (2003). The geography of thought: how Asians and Westerners think differently... and why. New York: Free Press.

OECD (2010). PISA 2009 Results: What Students Know and Can Do: Student Performance in Reading, Mathematics and Science. 1. OECD.

Pardales, M. J., & Girod, M. (2006). Community of inquiry: Its past and present future. Educational Philosophy and Theory, 38(3), 299-309.

Peirce, C. S. Collected Papers of Charles Sanders Peirce [ab. CP], 8 vols. C. Hartshorne and P. Weiss (1931-1958) (Eds.) vols. 1-6; A. W. Burks (1931-1958) (Ed.) vols. 7-8, Cambridge, MA: Harvard University Press.

Peterson, D. (1992). Life in a crowded place: Making a learning community. Heinmann: Portsmouth.

Piaget, J., & Cook, M. (1952). The origins of intelligence in children. New York: International Universities Press.

Posner, G.J., Strike, K.A., Hewson, P. W., and Gertzog, W. A. (1982). Accommodation of a scientific conception: Toward a theory of conceptual change, Science Education, 66(2). 211-227.

Rogoff, B. (1990). Apprenticeship in thinking: Cognitive development in social context. New York: Oxford university press.

Rogoff, B., Matusov, E., & White, C. (1996). Models of teaching and learning: Participation in a community of learners. In D. R. Olson & N. Torrance (Eds.). The handbook of education and human development. Oxford: Blackwell.

Roth, W. -M., Boutonné, S., McRobbie, C. J., & Lucas, K. B. (1999). One class, many worlds. International Journal of Science Education, 21(1), 59-77.

Skinner, B. F. (1950). Are theories of learning necessary? Psychological Review, 57(4), 193-216

Splitter, L., & Sharp, A. M. (1995). Teaching for better thinking: the classroom community. Melbourne: ACER.

Song, J. (2013). The disparity between achievement and engagement in students' science learning: A case of East-Asian regions. In D. Corrigan, R. F. Gunstone, & A. Jones (Eds.), Valuing Assessment in Science Education: Pedagogy, Curriculum, Policy, (pp. 285-306). Dordrecht: Springer Netherlands.

Tobin, K. G., & Roth, W-M. (Eds.) (2007). The culture of science education: its history in person. Rotterdam, The Netherlands: Sense Publishers.

Vygotsky, L. S. (1978). Mind in society: The development of higher mental processes. Cambridge, MA: Harvard university press.

Wenger, E. (1998). Communities of practice: Learning, meaning, and identity. New York: Cambridge university press.

Wenger, E, Mcdermott, R., & Snyder, W. M. (2002). Cultivating communities of practice: A guide to managing knowledge. Boston: Harvard Business School Press.

이 장은 2016년 대한민국 교육부와 한국연구재단의 지원을 받아 수행된 연구임(NRF-2016S1A3A2925401)

CHAPTER 04

학습환경 도구를 활용한 초·중등 과학교실의 문화적 특징 비교

장진아(서울대학교 교육종합연구원)
나지연(춘천교육대학교)
송진웅(서울대학교)

● 이 장에서는 한국 학생들에게서 나타나는 성취와 흥미 간의 불균형 현상이 초등학교에서 중・고등학교로 갈수록 심해진다는 점에 주목하였다. 특히 불균형 현상이 한국을 비롯한 동아시아 지역에서 공통적으로 나타난다는 점에 착안하여, 문화적 관점에서 한국 과학교실의 특징을 해석하였다. 이에 한국의 초등학교와 중・고등학교 과학 교실환경에서 나타나는 문화적 특징들을 과학교실 학습환경 도구인 CLEQ와 WIHIC을 통해 조사하고, 설문 결과들을 '개인과 집단과의 관계', '과학교실에서의 형평성', '학생과 교사와의 관계', '과학수업에서의 특징'이라는 4가지 문화적 특징을 중심으로 비교, 분석하였다. 나아가 이러한 결과들을 통해서 어떻게 한국의 학교 과학 문화를 이해하고, 문화적 특성을 고려한 수업을 설계할 수 있을지 그 교육적 시사점에 대해 논의하였다.

4.1 한국 과학교육의 특징

4.1.1 과학을 배울수록 과학에서 멀어지는 한국 학생들

"세계 교육 강국(Ripley, 2013)"

"세계에서 가장 경쟁적이고 고통스러운 교육(Happy therapy, 2013)"

상당히 상반된 특성을 보여주는 이 표현들은 모두 외부에서 바라본 한국 교육의 모습을 평가한 말이다. "세계 교육 강국"이라는 표현은 미국의 언론인 아만다 리플리가 저술한 '무엇이 이 나라 학생들을 똑똑하게 만드는가(the smartest kids in the world)'에서 소개되었다. 여기에서 아만다 리플리는 세계적으로 높은 학업성취를 보이는 한국이나 핀란드 같은 국가들의 교육환경과 사회적 배경을 자세히 소개하였다. 반면 "경쟁적이고 고통스러운 교육(l'un des plus concurrentiels et éprouvants)"이라는 표현은 프랑스 신문 '르몽드(le monde)' 지에 소개된 것으로, 해당 기사는 한국의 교육을 세계에서 가장 불행한 학생들을 길러내는 시스템으로 평가하였다. 이처럼 한국 교육에 대한 이중적인 평가는 2,000년대 이후부터 지속적으로 나타나는 모습이며, 이러한 모습은 특히 과학교육과 수학교육에서 두드러지게 나타난다. 한국의 과학·수학교육에서 나타나는 "성취와 참여 사이의 불균형(Song, 2013)" 현상 역시 "세계 교육 강국"과 "경쟁적이고 고통스러운 교육"이라는 한국 교육의 이중적인 특징을 잘 드러낸다.

안타까운 것은, 한국 학생들의 높은 학업성취와 낮은 흥미 사이의 간극이 학년이 높아지면서 점점 더 심해진다는 점이다. TIMSS 2015 결과에 따르면, 한국 학생들의 수학 성취도 순위는 초등학교 4학년이 3위이고 중학교 2학년이 2위이며, 과학 성취도 역시 초등학교 4학년이 2위, 중학교 2학년이 4위로서 모두 우수하다(Martin et al., 2016; Mullis et al., 2016). 다시 말해, 학년이 높아져도 한국 학생들의 과학 성취도와 수학 성취도는 높은 수준으로 유지되고 있는 것이다.

하지만 높은 성취도에 비해, 과학과 수학에 대한 흥미와 참여 정도는 학년이 높아지면서 급격히 약화되고 있다. <그림 4.1>과 <그림 4.2>에 제시되었듯이, 수학 학습에 대해 "매우 좋아한다." "매우 자신 있다."고 응답한 학생들은 초등학교 4학년에 비해 중학교 2학년에서 반 가까이 줄었다. 특히 중학교 2학년에서는 50% 이상이 "수학을 좋아하지 않으며, 수학에 자신이 없다."고 응답하였다. 과학의 경우도 마찬가지이다. 초등학교 4학년에서는 "과학 학습을 매우 좋아한다." "과학 학습에 매우 자신이 있다."고 응답한 비율이 각각 42%, 20%였으나, 중학교 2학년에 와서는 그 비율이 반 이하로 줄었다. 오히려 중학교 2학년에서는 49%의 학생들이 과학에 대해 흥미가 없다고 응답했으며, 과학에 자신이 없

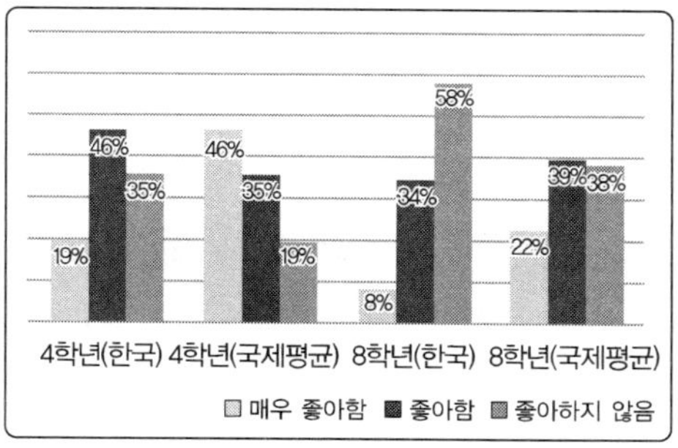

그림 4.1 수학학습에 대한 흥미
(* Mullis et al. (2016)에 제시된 자료를 재구성함.)

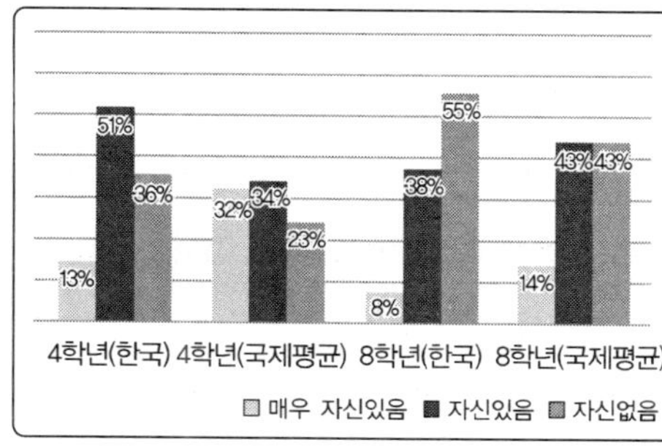

그림 4.2 수학에 대한 자신감
(* Mullis et al. (2016)에 제시된 자료를 재구성함.)

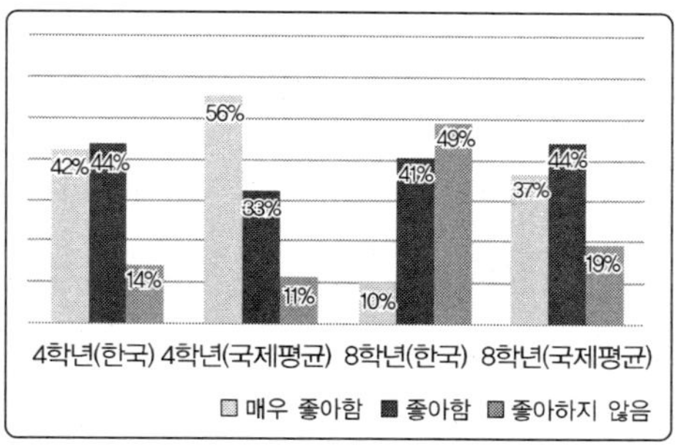

그림 4.3 과학 학습에 대한 흥미
(* Martin et al. (2016)에 제시된 자료를 재구성함.)

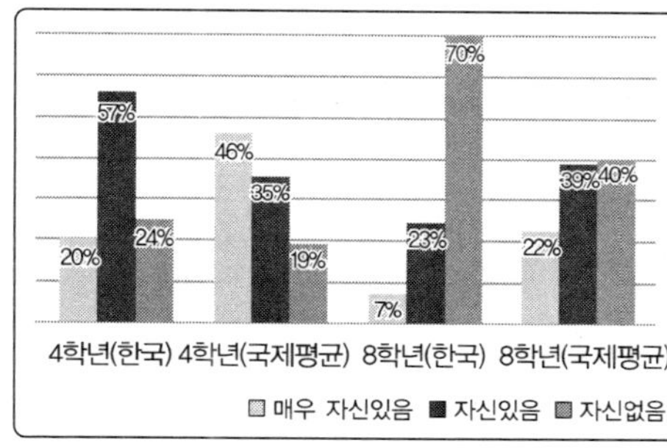

그림 4.4 과학에 대한 자신감
(* Martin et al. (2016)에 제시된 자료를 재구성함.)

다고 응답한 학생들은 70%나 되었다.

특히 학년이 올라감에 따라 학습에 대한 흥미가 급격히 낮아지는 현상은 수학보다 과학에서 더 심각하게 나타난다. 수학의 경우에는 초등학교와 중학교 모두에서 흥미가 낮았지만, 과학의 경우 초등학교에서는 흥미와 자신감이 높았다가 중학교에서는 급격하게 떨어졌다. 구체적으로 살펴보면, (<그림 4.1>에서 나타나듯이) 수학을 매우 좋아한다고 응답한 학생들은 초등학생이 19%, 중학생이 8%였으나, 과학을 매우 좋아한다고 응답한 학생들은 초등학생들이 42%, 중학생들이 10%로 급감하였다. 마찬가지로 과학에 대해서는, 초등학교에서 77%가 “매우 자신 있다.” 혹은 “자신 있다.”로 응답한 반면, 중학교에서는 거꾸로 “자신 없다.”로 응답한 학생들이 70%에 달했다. 이에 비해 수학에서는 자신이 있다고 응답한 학생들이 초등학교 64%에서 중학교 46%로, 과학에 비해 적게 감소하였다.

왜 한국 학생들은 학업성취가 우수함에도 불구하고, 과학과 수학 학습에 자신감이 없고 좋아하지도 않는 것일까? 또 이런 현상은 왜 학년이 올라갈수록 심해지는 것일까? 학년이 올라감에 따라 한국 학생들에게 어떤 변화가 일어나는 것일까? 이러한 문제의식에 기초하여, 이 장에서는 한국의 여러 교육 현상들 중에서도, 과학교육에서 나타나는 초등학교와 중 · 고등학교 간의 차이에 좀 더 초점을 맞추었다. 이에 한국의 초등학교 과학교실과 중 · 고등학교 과학교실의 실태와 특징, 그리고 과학 학습에 대한 초 · 중등 학생들 간의 차이를 자세히 살펴보고자 한다.

4.1.2 초등학교에서 중·고등학교로, 한국의 과학교실에서 일어나는 변화들

한국의 학생들은 초등학교 3학년부터 고등학교까지 과학수업에 참여한다. 학교마다 수업 운영의 자율권이 늘어남에 따라 과학수업 시간을 정확하게 산출할 수는 없지만, 연간 34주, 주당 평균 3~4시간씩, 학생들은 9~10년 간 과학수업에 참여한다고 볼 수 있겠다. 이처럼 적지 않은 시간 동안, 한국 학생들은 과학교실에서 어떠한 변화를 겪고 있을까?

한국 학생들이 학년이 올라가면서 겪는 변화들에 대한 다양한 연구들이 이루어졌다. 국내외 과학교육자들은 과학에 대한 한국 학생들의 낮은 흥미와 낮은 자신감, 저조한 수업 참여율, 그리고 이러한 특성이 학년이 올라갈수록 오히려 악화되는 현상에 대하여 다양한 진단을 해왔다. 이 장에서는 이러한 진단들을 살펴보되, 한국 과학교실에서 학생들이 '무엇을', '어떻게', 그리고 '어떤 환경'에서 배우는가와 관련지어서 자세히 살펴보고자 한다.

먼저, 한국 학생들은 과학교실에서 '무엇을' 배우며, 그 내용은 학년이 올라가면서 어떻게 달라지는가? 이에 대해 우리는 초등학교와 중 · 고등학교 과학과 교육과정의 구성을 살펴볼 필요가 있다. 한국에서는 국가 수준의 과학과 교육과정을 토대로 하여 단위 학교의 재량에 따라 교육과정을 재구성하도록 하고 있다. 특히 교과서가 정부(교육부) 주도로 발행되기 때문에, 과학교실에서 배우는 학습의 주제와 내용은 어느 정도 균일한 편에 속한다. 다만 국정교과서로 운영되는 초등학교에 비해, 여러 출판사에서 출간된 검인정 교과서들로 운영되는 중·고등학교가 과학수업 활동의 구성이나 운영에 있어서 비교적 다양할 것으로 판단된다.

하지만 초등학교와 중·고등학교의 가장 큰 차이는, 과학과 교육내용의 범주와 수준의 차이일 것이다. 김미영과 조지민(2013)은 TIMSS 2007 결과를 토대로 한국의 중학교 과학수업에 대한 교사들의 의견을 조사했는데, 과학 내용이 어려워지는 것을 과학에 대한 흥미 저하의 큰 원인으로 꼽았다. 같은 맥락에서 곽영순(2017)은 TIMSS 2015의 학생 설문 결과를 토대로, 학생들이 다른 교과에 비해 과학을 어렵다고 생각할 뿐 아니라, 과학 시간에 배우는 내용이 일상생활에 거의 도움이 되지 않는다고 생각함을 지적하였다. 즉, 초등학교에 비해 중·고등학교 과학교실에서 배우는 학습 내용들이 점점 더 어려워지고, 생활과 괴리된 것으로 인식되고 있는 것이다.

그러면, 학년이 올라감에 따라 점점 어려워지는 과학 내용을 학생들은 '어떻게' 학습하고 있을까? 이에 대해서는 과학교실에서 이루어지는 교수학습 활동 요인의 변화를 살펴봐야 한다. 중·고등학교 과학 교사들은 이 어려워진 학습 내용에 대해 실험이나 활동보다는 교사의 설명 위주로 수업이 진행되기 때문에 학생들의 흥미가 저하된다고 응답하였다(김미영과 조지민, 2013). 일례로 TIMSS 2015에서는 과학수업 시간에 과학탐구가 얼마나 강조되는지를 조사하였다. 설문 결과, 초등학교 4학년의 경우 수업 시간의 반 이상을 과학탐구에 할애한다고 응답한 학생들이 60%나 되었다. 이는 국제평균 27%에 비해 상당히 높은 편이다. 하지만 중학교 2학년에서는 학생들의 16%만이 수업 시간의 반 이상을 과학탐구에 할애한다고 응답하여, 그 비율이 현저히 줄어들었음을 알 수 있다(<표 4.1> 참고). 이처럼 초등학교에서 중학교로 가면서 과학탐구 활동의 비율은 상당히 줄어들었다.

같은 맥락에서 학생들은, 학년이 높아질수록 실험이나 체험 활동이 줄어들고 설명 위주의 수업이 늘어나는 것을 과학수업에 대한 흥미 저하의 핵심 요인으로 답하였다(홍미영 등, 2006). 이러한 문제의식 속에서 곽영순(2017)은, 학생들의 정의적 태도를 함양하기 위해서는 과학에 대한 재미있고 긍정적인 감정을 느

표 4.1 학교급별 과학교실에서의 교수학습 활동 비교 (Martin et al., 2016)

대상		과학교실에서의 과학탐구에 대한 강조	
		수업 시간의 반 이상	수업 시간의 반 이하
초등학교 4학년	한국	60%	40%
	국제 평균	27%	73%
중학교 2학년	한국	16%	84%
	국제 평균	27%	73%

낄 수 있는 경험을 제공해야 하며, 과학수업에서의 교수학습 방법을 다양화할 필요가 있다고 주장하였다.

물론 지금까지 다양한 교수학습 방법을 위한 시도가 없었던 것은 아니다. 지난 50여 년 간, 학생들의 흥미와 참여를 높이기 위한 실험이나 탐구활동, 협동학습, 토론학습, 프로젝트 학습 등과 같이 다양한 과학 교수 · 학습 방법들이 연구되어 왔다(이재봉, 2016; 임유나, 2014; 조헌국, 2012). 하지만 이와 같은 다양한 노력에도 불구하고, 실제 중 · 고등학교에서는 이를 반영한 다양한 수업 활동을 구성하지 못하고 있다. 이는 과학교실의 문제가 단순히 교수학습 자료가 부족하거나, 교사들의 인식이나 역량이 부족하기 때문만은 아니다. 과학수업의 실행은 교육과정이나 교수학습 활동 개선을 위한 개별 구성원들의 노력을 넘어서 과학교실을 둘러싼 한국의 교육 시스템 및 사회문화적 요인과 연결되어 있다. 즉, 실제 중 · 고등학교의 과학교실에서 다양한 활동들이 충분히 실행되지 못하고 있는 현실(이재봉, 2016)을 비단 개별 교사나 학생들, 단위 학급의 문제로 단정해서는 안 된다는 것이다. 이것은 한국 교육의 사회문화적인 환경과 긴밀히 연결해서 고민해야 한다.

여기에서 교육 시스템 및 사회문화적 요인이란, '어떤 환경'에서 학생들이 과학을 학습하게 되는가를 결정짓는 요인들을 말한다. 과학 학습에 대한 학생들의 인식과 태도에 영향을 주는 '환경'은 좁게는 개별 학급의 과학수업 분위기에서부터 넓게는 교육에 대한 한국 사회의 신념과 풍토까지 다양하다. 우선 현장의 교사들은 과학 교실환경이 열악하다고 호소한다. 학년이 높아질수록 '지식 중심의 평가 방식'이 이루어지고, 또 '수업 시간 부족'으로 인하여 교사와 학생들 간의 상호작용이 부족해져서 교사 중심의 수업이 이루어질 수밖에 없다는 것이다(김미영과 조지민, 2013). 이러한 문제들은 과학교실을 둘러싼 한국 교육 환경 및 문화적 특징들과 연계하여 해석해야 한다. 교사 중심, 설명 위주의 과학수업은 '입시 중심의 교육 현실' 및 '평가 결과에 대한 학교 안팎의 높은 관심' 등과 같은 한국의 교육 풍토와 관련되어 있으므로(김미영과 조지민, 2013), 과학교실을 둘러싼 여러 사회문화적 요인들을 통합적으로 고려할 필요가 있다.

한편, 몇몇 학자들은 성취와 참여 간의 불균형 문제와 이를 유발하는 사회문화적 요인을 좀 더 넓은 관점으로 해석하였다. 이들은 특히 지금까지 논의한 문제들이 한국을 넘어서서 일본, 홍콩, 대만 같은 동아시아 국가들에서 나타나는 공통적인 현상이라는 점에 주목하였다. 예를 들어, Song(2013)은 한국을 포함한 동아시아 교육에서 나타나는 '높은 성취와 낮은 참여' 같은 공통적인 현상을 "동아시아의 불균형(East-Asian Disparity)"이라고 불렀다. 그리고 이러한 불균형 현상을 동아시아 공통의 문화 및 전통과 연결하여 해석하였다. 이러한 동아시아의 문화적 요인으로는 유교 문화권에서 주로 나타나는 교사와 학생의 수직적 관계, 집단주의 문화, 체면과 눈치를 강조하는 간접적 소통 방식, '학업'에 대한 가치 부여 등을 들 수 있다. 이러한 문화적 특징들이 과학교실의 사회적 관계나 교실 환경, 학생들의 수업 참여에 영향을 주며, 결국에는 과학 학습에 대한 학생들의 태도에도 반영된다는 것이다.

지금까지 한국의 과학교육에서 성취와 흥미 간의 불균형 문제가 학년이 올라감에 따라 악화되는 현상에 대하여 살펴보았다. 특히 학생들이 과학교실에서 무엇을, 어떻게, 어떤 환경에서 배우는가의 관점으로 보았을 때, 이러한 문제는 교육과정 요인, 교수학습 방법 요인, 환경 요인 등 여러 가지 원인들과 관련되어 있음을 알게 되었다. 즉, 학년이 올라갈수록 과학 학습내용은 어려워지고 생활과 동떨어진다든지, 수업 방법 면에서도 실험이나 탐구 활동이 급격히 줄어들고 교사 중심의 설명식 수업으로만 진행된다든지, 또한 이 모든 현상의 저변에 입시 중심의 교육제도나 평가만을 강조하는 사회적 분위기가 깔려 있다든지 하는 모습들이 그러한 문제의 원인들이라 할 수 있다. 나아가 유교나 집단주의 같은 문화적 배경도 그 원인 중 하나라 할 수 있겠다. 이러한 관점들을 고려했을 때, 한국 과학교육의 문제들을 개별 교실에 국한하여 진단하고 분석하는 것에는 분명 한계가 있다. 이에 다음 장에서는 개별 교실을 넘어서서 과학교실을 둘러싼 사회문화적 환경과 문화적 특성을 반영하여 함께 분석할 수 있는 구체적인 방안을 소개하고자 한다.

4.2 학습환경 도구를 통한 과학교실의 문화적 특징 분석[6)]

4.2.1 과학교실을 둘러싼 사회적 환경과 문화

'한국의 과학교육'에서 나타나는 여러 특징들은 '과학'이라는 학문 분야의 내용을 한국 고유의 토양에서 만들어진 그릇에 담아내는 과정에서 생겨난 것이다. 학년이 올라감에 따라 점점 어려워지는 과학 내용들을 어떤 환경에서 어떤 방식으로 담아내야 하며, 또 어떻게 담아내야 할까? 여기에 답을 하려면 우선 한국의 과학교실을 둘러싼 우리 고유의 토양에 대해 이해해야 한다. 여기에서 '우리 고유의 토양'이란 한국의 교육 시스템과 제도, 교육과정과 교과서 혹은 한국인의 정서와 사회적 관계 등과 같이 한국 고유의 사회문화적 요인들과 연관된 것들을 말한다. 한국 과학교실에서 일어나는 현상들은 바로 이러한 한국 고유의 토양에 대한 이해를 바탕으로 해석되어야 한다.

특정 사회의 문화는 어떻게 과학교실에 영향을 줄까? Fiske et al.(1998)은 한 사회의 문화가 사회 구성원들의 삶에 영향을 주는 과정을 <그림 4.5>에서와 같이, 네 가지 차원으로 나누어 설명하였다. 첫 번째 차원은 '집단적 실제(collective reality)' 차원으로서, 한 사회의 경제, 정치 등 모든 분야를 아우르는 핵심적인 문화적 특징들이다. 두 번째 차원은 '사회심리학적 과정(socio psychological processes)' 차원으로서, 문화적 특징이 반영된 관습이나 규범, 제도 등을 의미한다. 예를 들면, 한 사회의 언어나 교육 시스템 같은 것이다. 세 번째 차원은 '개인적

6) 이 절은 장진아 등(2015)의 연구와 Chang et al.(in press) 연구에서 활용된 이론적 배경 및 연구 방법의 일부 내용을 요약, 발췌하여 재구성한 것이다.

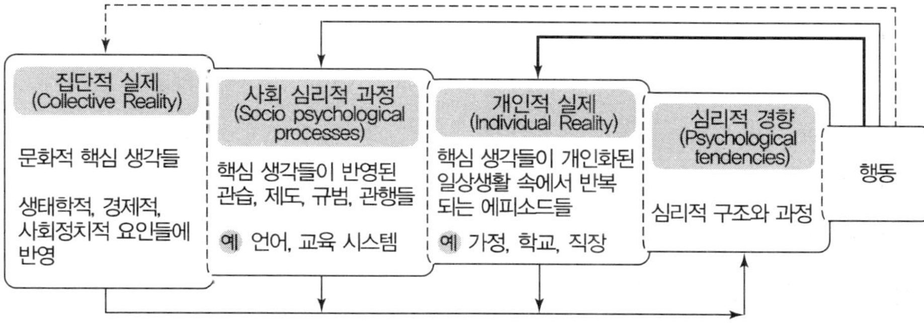

그림 4.5 사회 심리학에서의 문화적 차원들
(The cultural matrix of social psychology)
(Kitayama & Markus, 1994; Fiske et al., 1998, p. 918에서 재인용)

실제(individual reality)' 차원으로서, 개인들이 직접 활동하는 생활공간에서 일어나는 일상적인 일들이다. 마지막으로 '심리적 경향(psychological tendencies)' 차원은 개별 구성원들의 심리적 구조와 과정을 의미하며, 이는 개인의 행동으로 표출된다.

사회 구성원들을 둘러싼 여러 문화적 차원들은 <그림 4.5>에서의 화살표와 같이 상호보완적으로 연결되어 있다. 가령, 한국 사회에 오랫동안 뿌리내린 전통과 가치들이 사회 제도나 정책, 관습에 반영되고, 이러한 제도와 정책과 관습이 사회 구성원들의 일상생활 혹은 생각과 신념에 일관되게 또 지속적으로 영향을 준다(Geertz, 1973). 하지만 동시에 사회 구성원들은 문화를 생산해내는 주체가 되기 때문에, 그들이 가진 생각과 행동이 제도와 정책에 반영되고, 나아가 새로운 문화를 창조하기도 한다(Sewell, 1999). 즉, 한 사회의 문화가 개개인의 심리와 행동을 형성하고, 동시에 구성원들의 생각과 행동이 문화를 해석하고 재생산하는 상호보완적인 과정을 반복하는 것이다.

이와 같이, 한 사회의 문화와 구성원들의 삶이 상호보완적으로 연결되는 과정을 과학교실 상황에도 동일하게 적용할 수 있다(장진아 등, 2015). 한국 사회의 문화와 교육적 가치들은 과학교실 및 교육과 관련된 관습과 규범, 또 과학교육과 관련된 제도와 정책에 반영된다. 교육 정책 혹은 교육과 관련된 관습과 규범들은 학교나 과학교실에서의 상호작용 및 개별 구성원들의 생각과 심리에 이르기까지 여러 차원에 거쳐서 영향을 미친다. 하지만 동시에 과학교실의 구성원들이 지닌 생각과 행동들이 과학교실의 일상을 바꾸고, 이것이 또 교육 제도나 정책에 영향을 미치며 새로운 문화를 재생산한다. 이에 과학교실에서 구성원들이 지닌 생각과 행동은 한국 사회의 문화적 특징을 반영함과 동시에 한국 교육을 변화시키는 동력이 된다(장진아 등, 2015).

이러한 맥락에서 볼 때, 과학교실에서 일어나는 현상들은 그 나라의 문화적 특징들을 반영하면서 나름의 독특한 모습으로 나타난 결과라고 볼 수 있다. 예를 들어, 지난 수십 년간 여러 나라들이 과학교육 내에서 '과학탐구'를 공통적으로 강조해왔지만, 각 나라의 문화적 특징에 따라 탐구 중심 교육과정은 조금씩 다른 방식으로 구현되었다(Abd-El-Khalick et al., 2004). 각 나라의 과학 교실환경은 교실을 둘러싼 여러 차원의 문화적 환경들, 이를 테면, 교육 제도, 교육과정의 구성, 교육에 대한 구성원들의 신념, 그리고 상호작용 방식에 따라 달라진다(Aldridge et al., 1999; 장진아 등, 2015). 마찬가지로, 한국에서의 '성취와 참여 간의 불균형 문제'도 동아시아의 문화적 토양이라는 독특한 전통과 더불어, 한국만의 특별한 사회문화적 맥락과 함께 이해되어야 한다. 이를 위하여, 다음 장에서는 한국 사회의 문화적 특징들을 반영하여 과학교실 모습을 탐색하기 위한 구체적인 방안들을 살펴보고자 한다.

4.2.2 과학교실에서 나타나는 문화적 특징들

전 세계 여러 나라들이 지닌 문화적 특징들을 비교했던 비교문화 학자 Hofstede(1983, 1991)는 모든 문화권에서 공통적으로 발생하는 4가지 사회적 문제들을 '권위와의 관계'에서 발생하는 문제, '개인과 집단 간의 관계'에서 발생하는 문제, '남성성과 여성성'에 따른 문제, '불확실한 상황들에 대한 대처 방식'으로 정리하였다. 이 네 가지 기본적인 문제들은 모든 사회에서 공통적으로 나타나지만, 문화적 특징에 따라 그 대처 방식이 달라진다.

네 가지 기본적인 문제들을 토대로, Hofstede(1991)는 '국가 문화 간의 차이에 대한 4차원 모델'을 제안하였다. 이 모델을 구성하는 네 가지 차원은 (1) 권력거리

(power distance), (2) 집합주의 대 개인주의(collectivism vs individualism), (3) 여성성 대 남성성(femininity vs masculinity), (4) 불확실성 회피(uncertainty avoidance) 성향인데, 이러한 각 차원에서 나타나는 문화적 특징들은 구성원의 사회적 관계와 상호작용에 영향을 미친다. Hofstede(1991)는 네 가지 문화적 차원들의 의미와 특징을 우리의 일상생활, 즉 교실 및 직장에서 나타나는 삶의 장면들과 연결 지어 설명하였다. 그 중 교실에서 발현되는 네 가지 차원의 문화적 특징을 살펴보자.

첫 번째 문화적 차원은 '권력거리'이다. 권력거리란 한 사회에서 권력이 높은 사람들에 대해 낮은 사람들이 느끼는 심리적 거리를 말하는데, 이는 그 사회가 갖고 있는 불평등의 정도를 나타낸다. 권력거리가 큰 사회에서는 권위에 따라 사회적으로 불평등한 관계가 당연하게, 때로는 바람직하게까지 여겨진다. 이러한 사회에서 권위가 낮은 사람은 권위가 높은 사람에게 의존하고 따라야 한다. 하지만 권력거리가 작은 사회는 권위에 따른 불평등을 최소화하기 위해 노력한다. 권위가 높든 낮든 상관없이 구성원들은 상호의존적이며, 누구나 동등한 대우를 받아야 한다고 생각한다. 교실 상황에서는 권력거리와 관련한 문화적 특징이 '교사와 학생 간의 관계'를 통해 드러난다. 권력거리가 큰 교실에서는 교사가 모든 것을 주도하며, 학생들은 교사를 존경으로 대하고 따라야 한다. 반면 권력거리가 작은 교실에서는 학생들이 교사와 동등한 대우를 받으며, 교사와 학생이 수업을 함께 주도한다.

두 번째 문화적 차원인 '집합주의 대 개인주의'는 개인과 집단 간의 의존 관계를 보여준다. 이 차원은 개인의 이익과 집단의 이익 중 무엇이 우선되는지, 그리고 개인과 집단이 얼마나 의존하고 있는지에 따라 결정된다. 집합주의 사회에서는 집단의 이익이 개인의 이익보다 앞서며, '나'보다는 '우리'가 중심이 된다. 구성원들의 행동은 '집단에 소속된 구성원'이라는 것이 전제가 된다. 반면 개인주의 사회에서는 개인 간의 구속력이 느슨하며, '우리'에 앞서서 '나'의 생각이 중요하다. 집합주의 사회에서는 교육의 목적이 '올바른 집단 구성원으로 자리매김하는' 사회적 기술과 미덕, 예의를 가르치는 데에 있지만, 개인주의 사회에서는 여러 사람으로 이루어진 사회에서 각자의 위치를 찾는 것에 교육의 가치를 둔다.

집합주의 교실에서는 구성원 간의 조화와 체면 유지가 중요하며, 집단이 한 번 형성되면 잘 바뀌지 않는다. 하지만 개인주의 사회의 교실에서는 각자의 생각이 중요하며, 학생들 간의 집단 형성도 유동적이다.

'여성성 대 남성성'은 '남성적' 혹은 '여성적'이라는 말처럼, 성별에 따른 사회적 역할의 견고함 정도를 보여준다. 남성적인 사회에서는 성별에 의해 정해지는 사회적 역할의 구분이 뚜렷하다. 남성은 야심차고 강한 역할을, 여성은 부드럽고 인간적인 일들을 돌봐야 한다고 생각한다. 또한 남성적인 사회에서는 경쟁적이고 높은 성취를 중요하게 여기는 경향이 있다. 반면 여성적인 사회에서는 다른 사람들에 대한 배려와 따뜻한 인간관계가 중시되고, 남녀의 역할이 뚜렷하게 구분되지 않으며, 남성과 여성 모두 인간으로서 감정을 존중받는 것을 지향한다. 이러한 문화적 특징에 따라, 교실에서도 남학생과 여학생에게 기대되는 역할이나 행동이 그들의 성별에 영향을 받는다. 예를 들어, 남성적인 사회의 교실에서는 강한 자에게 공감하며, 우수한 학생이 행동의 기준이자 규범이 되고, 또한 성별에 따른 역할과 행동 규준이 다르다. 반면 여성적인 사회의 교실에서는 약한 자에게 공감하는 교실 분위기가 형성되며, 평균 수준의 학생들이 행동의 기준이 되고, 성별에 따른 역할이나 행동 규준이 다르지 않다.

마지막으로 '불확실성 회피' 성향은 구성원들이 불확실한 상황들을 마주했을 때 불안감과 위협을 느끼는 정도를 보여준다. 불확실성 회피 수준이 높은 문화에서는 생활 속에 내재해 있는 불확실한 상황들을 위협 요인으로 느껴, 높은 스트레스와 불안감이 나타난다. 이들은 일상적이고 평범한 것에 어긋나는 상황을 선호하지 않는다. 하지만 불확실성을 수용하는 문화에서는 불확실성 자체가 삶의 한 부분이다. 그 사회는 약간의 스트레스에서 주관적 행복감을 많이 느끼고, 애매한 상황과 모험을 즐긴다. 교실 상황에서도 이러한 문화적 특성이 나타난다. 불확실성을 회피하는 교실에서는 학생들이 구조화된 학습 상황을 좋아하고, 정확한 답을 찾는 것을 좋아한다. 또한 교사들은 모든 정답을 알고 있는 전문가여야 한다. 반면 불확실성을 수용하는 교실에서는 학생들이 학습의 순서와 활동의 방향이 정해지지 않은 상황을 편하게 느낀다. 예를 들어, 불확실성 수용 정도가 높은 학급은 정답이 없는 토론을 즐길 것이다. 나아가 교사가 "나도 모른다."고 이야기할 수도 있다.

지금까지 Hofstede의 네 가지 문화적 차원을 토대로, 교실 상황에서 구체적으로 나타날 수 있는 문화적 특징에 대해 살펴보았다. 이러한 논의들은 <표 4.2>와 같이 정리될 수 있다.

이러한 특징들은 우리가 쉽게 마주하는 익숙한 장면들이다. 하지만 오히려 그 익숙함 때문에 쉽게 알아채지 못할 수도 있다. 같은 맥락으로, 우리 교육에서 나타나는 대표적인 현상들과 그 현상들의 원인은 우리 삶에 깊이 내재되어 있어서 인식하지 못하는 문화일 수도 있다. 따라서 우리는 교실 생활의 단면 속에 뿌리 깊게 내재되어 있는 한국 사회의 문화적 특징들이 어떻게 학생들의 학습과 교실 활동에 영향을 주고 있는지를 재고해 봐야 한다. <표 4.2>에 제시된 네 가지 문화적 특징들은 교실에 내재된 문화적 특징을 바라보기 위한 중심축이 될 수 있을 것이다.

표 4.2 Hofstede 모델을 토대로 한 교실에서 나타나는 4가지 문화적 특징

국가 문화 간의 차이에 대한 4차원 모델 (Hofstede, 1983)		교실에서 나타나는 4가지 문화적 특징 (Chang et al., in press).
모든 사회의 기본적인 문제들	4가지 문화적 차원	
개인과 집단 간의 관계	집합주의 대 개인주의	개별 학생과 집단 간의 관계
남성성과 여성성의 개념	남성성 대 여성성	과학교실에서의 형평성
권위와의 관계	권력거리	과학 교사와 학생 간의 관계
불확실성에 대한 대처 방식	불확실성 회피 정도	과학수업에서의 불확실한 상황들과 관련된 특징들

4.2.3. 학습환경 도구를 활용한 과학교실의 문화적 특징 분석

'성취와 참여 간의 불균형' 문제 역시, 우리 사회에 깊숙이 내재된 여러 가지 문화적 특징들과 연결되어 나타나는 모습이다. 한 사회에 내재된 문화적 특징들은 규범, 관습, 제도 같은 집단적이고 추상적인 대상보다는 현실적인 삶의 장면 속에서 더 잘 드러난다(Fiske et al., 1998). 여기에서는 우리의 과학교육에 내재된 문화적 특징을 살펴보기 위한 출발점으로서, 생활 속에서 쉽게 마주하는 교

실의 ‘학습환경’에 대해 조사하였다.

‘학습환경’이란 학생들의 성장에 영향을 주는 교실의 사회적, 심리적, 물리적 특징들의 총체를 말한다(Fraser, 1998, 2002). 많은 연구자들이 과학교실의 학습환경을 조사하기 위한 설문 영역과 문항을 개발하여, 학습에 영향을 주는 사회적, 심리적 요인들을 조사해왔다. 예를 들어, 대표적인 학습환경 도구 중 하나인 ‘What Is Happening In this Class(WIHIC)’ 설문지에서는 학생들의 인지적, 정의적 성취에 영향을 주는 요인으로서 교실에서의 형평성 문제, 교사와 학생과의 관계, 학생들 간의 관계, 학생들의 수업 참여 방식, 과제에 대한 참여 방식 등을 보고하였다. 학습환경 설문지를 통해 조사한 특징들은 학생들이 실제로 경험하는 과학교실의 모습의 단면이라는 점에서, 과학교실의 문화적 특징을 포함하고 있을 것이다.

지난 30-40년 동안, 교실의 ‘학습환경’의 특징을 조사하기 위한 도구들이 10여 개 정도 개발되었다. 장진아 등(2015)은 기존에 개발되었던 10여 개의 설문지들을 활용하여 과학교실의 문화적 특징을 분석하기 위한 방법을 탐색하였고, 그 결과 ‘Cultural Learning Environment Questionnaire(CLEQ)’ 도구와 ‘What Is Happening In this Class(WIHIC)’ 도구를 선정하였다. CLEQ는 과학교실에서 나타나는 학생들의 ‘문화적 성향’을 탐색하는 설문지이다(Fisher & Waldrip, 1997, 1999). 이 도구는 앞서 소개했던 Hofstede의 이론을 토대로 개발되었기 때문에, 문화적으로 해석할 수 있는 폭이 넓은 도구이다(장진아 등, 2015). 한편, WIHIC은 여러 가지 학습환경 도구들 중에서 학습자의 학습에 가장 영향을 많이 주는 핵심적인 요인들만 포함시킨 설문지이다. WIHIC에서 다루고 있는 요인들은 학생들의 학습에 많은 영향력을 끼치는 것들이기에, 과학교실의 여러 가지 문화적 특징들 중에서도 학습에 영향을 많이 주는 핵심적인 특징들을 포함하고 있을 것으로 보인다(장진아 등, 2015).

특히 CLEQ와 WIHIC 설문지를 통해 조사한 내용들을 문화적 관점에서 좀 더 적극적으로 해석하기 위하여, 두 설문지의 요인들을 문화적 특징에 맞추어 재구조화하였다(Chang et al., in press). 구체적으로 살펴보면, <표 4.2>에서 소개했던 ‘교실에서 나타나는 4가지 문화적 특징’을 중심으로 하여 CLEQ와 WIHIC의

하위 영역들을 <표 4.3>, <표 4.4>와 같이 다시 범주화하였다. 예를 들어, '개별 학생과 집단 간의 관계'라는 문화적 특징에는 CLEQ 도구의 '협력'과 '경쟁' 영역, 그리고 WIHIC 도구의 '학생단결'과 '협동' 영역을 포함하였다. '과학교실에서의 형평성'에 대한 문화적 특징에는 CLEQ 도구의 '평등' 영역과 WIHIC 도구의 '평등' 영역을 포함하였다. '과학 교사와 학생 간의 관계', '과학수업에서의 특징' 등에 대해서도 <표 4.3>, <표 4.4>와 같이 관련된 영역들과 연결 지어 재분류하였다.

다만, 교실에서 나타나는 4가지 문화적 특징들은 WIHIC와 CLEQ의 기존 영역들과 연결되면서, 그 의미가 확장되기도 하였다. 가령, '과학교실에서의 형평성'이라는 문화적 특징은 양성 평등을 의미하는 CLEQ의 평등(Equity) 영역과 전체 학생들 간의 형평성을 의미하는 WIHIC의 평등(Equity) 영역이 통합되었다. 이 과정에서 양성 평등에 대한 특징뿐 아니라, 전체 학생들의 형평성에 관련된 부분을 포함하게 되었다. 또한 '과학수업에서의 특징' 부분은 Hofstede의 이론에서는 '불확실한 상황들과 관련된 특징'만을 의미했지만, WIHIC의 '참여(Involvement)', '탐구 (Investigation)' 영역들과 합쳐지면서 과학수업에서 나타나는 전반적인 특징까지 그 의미가 확장되었다.

결론적으로, WIHIC과 CLEQ 두 가지 학습환경 도구를 Hofstede의 이론에 따른 문화적 관점으로 재구성하여 과학교실의 문화적 특징을 분석할 수 있었다. 그 중 학생들의 문화적 성향을 조사하는 도구인 CLEQ 결과를 통해서는 문화적 특징이 내재된 학생들의 심리적 측면을 살펴볼 수 있었고, 과학 교실환경을 조사하는 도구인 WIHIC 결과를 통해서는 과학교실에서 형성된 사회적 측면을 조사할 수 있었다.

표 4.3 교실에서 나타나는 4가지 문화적 특징을 중심으로 한 CLEQ 영역의 범주화(Chang et al., in press)

교실에서 나타나는 4가지 문화적 특징	CLEQ 영역	의미
개별 학생과 집단 간의 관계	협력 (Collaboration)	개인 활동보다는 협력 활동을 하는 정도
	경쟁 (Competition)	학생 상호간에 경쟁하는 정도
과학교실에서의 형평성 (양성 평등 포함)	평등 (Equity)	남성과 여성이 동등하게 대우받는다고 생각하는 정도
과학 교사와 학생 간의 관계	교사 권위 (Teacher authority)	교사가 수업의 권위를 가지고 있다고 인식하는 정도
과학수업에서의 (불확실한 상황들과 관련된) 특징	차이 (Deference)	학생 자신이 다른 사람의 의견을 따른다고 느끼는 정도
	모델링 (Modeling)	학생이 모델링 과정을 통해 배우기를 기대하는 정도
	일치 (Congruence)	학교에서 배우는 것과 집에서 배우는 것이 일치한다고 생각하는 정도

표 4.4 교실에서 나타나는 4가지 문화적 특징을 중심으로 한 WIHIC 영역의 범주화(Chang et al., in press)

교실에서 나타나는 4가지 문화적 특징	WIHIC 영역	의미
개별 학생과 집단 간의 관계	학생단결 (Student cohesiveness)	학생들이 서로 잘 알고, 도와주며 지지하는 정도
	협업 (Cooperation)	학생들이 학습 과제에 대해 함께 협동하는 정도
과학교실에서의 형평성 (양성 평등 포함)	평등 (Equity)	교사가 학생들을 공평하게 대하는 정도
과학 교사와 학생 간의 관계	교사 지원 (Teacher Support)	교사가 학생들을 돕고, 친절하며, 신뢰를 토대로 관심을 갖는 정도
과학수업에서의 (불확실한 상황들과 관련된) 특징	참여 (Involvement)	학생들이 흥미를 가지고 수업과 논의에 참여하는 정도
	탐구 (Investigation)	문제 해결과 탐구 과정과 기술, 그리고 이들의 활용을 강조하는 정도
	과제 지향 (Task Orientation)	계획된 활동을 모두 수행하고 과제를 지속하는 것을 중요하게 여기는 정도

4.3 학습환경 도구를 통한 초등학교와 중·고등학교 과학교실의 문화적 특징 비교

4.3.1 CLEQ 도구를 통한 학생들의 문화적 성향 비교

지금까지 논의한 내용들을 토대로, 실제 한국의 초등학생과 중·고등학생들이 경험하는 과학교실의 문화적 특징에 대해 살펴보자. 먼저, <표 4.5>는 CLEQ를 활용하여, 한국의 초등학생들과 중·고등학생들의 문화적 성향을 조사한 것이다. 설문 결과는 '과학교실에서 나타나는 4가지 문화적 특징'을 중심으로 해석되었다. 이를 통해 한국 학생들의 문화적 성향을 자세히 살펴보자.

개별 학생과 집단 간의 관계: 협동, 경쟁 영역

교실에서 나타나는 개별 학생과 집단 간의 관계를 살펴보면 다음과 같다. 먼저 협력 영역과 경쟁 영역을 보면, 협력적인 성향은 초등학생(4.17점)이 중·고등학생(3.8점)보다 강하게 나타났다. 한국의 초등학생들은 집단 구성원으로 소속되어 친구들과 함께 활동하는 것을 중요하게 생각하는 것으로 보인다. 이러한 성향이 중·고등학생에게선 상대적으로 적게 나타났다. 한편, 경쟁 영역에서는 초등학생과 중·고등학생들 모두가 3.2 이하의 낮은 점수 분포를 보였다. 한국

표 4.5 CLEQ 도구를 통한 학생들의 문화적 성향 비교

교실에서 나타나는 4가지 문화적 특징	CLEQ 영역	M(SD) 초등	M(SD) 중등	t
개별 학생과 집단 간의 관계	협력	4.17 (.97)	3.80 (1.10)	4.88**
	경쟁	3.12 (1.13)	3.17 (1.01)	−0.77
과학교실에서의 형평성 (양성 평등 포함)	평등	4.63 (.68)	4.68 (.63)	−0.94
과학 교사와 학생 간의 관계	교사 권위	3.83 (.93)	3.50 (.87)	5.08**
과학수업에서의 (불확실한 상황들과 관련된) 특징	차이	2.94 (1.03)	3.19 (.91)	−3.48**
	모델링	3.68 (1.04)	3.63 (.85)	.82
	일치도	3.76 (1.00)	3.45 (.92)	4.43**

* $p < .05$, ** $p < .01$

학생들은 자기 자신의 성과를 높이는 것보다는 한 집단의 구성원이 되어, 집단에서 함께 활동하는 것을 더 중요하게 생각한다는 의미이다.

이것을 문화적 특징과 연결하여 해석하면, 두 학교급의 학생들 모두 개인주의적 성향보다 집합주의적 성향이 더 강했다. 한국은 전통적으로 집합주의 성향이 강한 사회로서, 이러한 사회에서 학생들은 어렸을 때부터 '나'보다는 '우리'라는 틀 안에서 생각하는 것에 익숙하다(Hofstede, 1991). 한국 학생들이 내적으로 지니고 있는 집합주의 성향은 한국 문화의 단면을 보여준다고도 볼 수 있다. 하지만 초등학생들이 중·고등학생들보다 집단 활동을 더 좋아하는 것으로 나타났다. 이는 한국 학생들의 집합주의 성향이 상위 학년으로 올라가면서 줄어든다는 것을 보여준다. 한편, '경쟁' 영역의 결과에서, 두 학교급 학생들 모두 자신의 성과를 높이는 것이 중요하다는 관점에 대해 낮은 점수를 준 것은 한국의 경쟁적인 교육 상황과는 대조적이다. 이는 한국 학생들이 경쟁적인 교육 환경에서 학습한다고 해서, 경쟁에서 이기는 것에만 가치를 둔다든지 경쟁만을 중요하게 여기는 것은 아니라는 점을 시사해준다.

과학교실에서의 형평성: 평등 영역

남성성과 여성성에 대한 학생들의 생각을 보여주는 평등 영역을 살펴보자. <표 4.5>에 제시되었듯이, 평등 영역의 점수는 CLEQ의 다른 영역들의 점수 중 가장 높은 점수를 기록했다. 이는 한국의 학생들은 남녀평등 의식이 높다는 것을 시사한다. 학교급 간의 차이를 보면, 초등학교가 4.63점, 중·고등학교가 4.68점으로, 중·고등학생들의 점수가 약간 높긴 했지만 두 학교급 간에는 유의미한 차이가 없었다. 이는 학생들이 과학교실에서의 학습이나 실험활동에 대해 성별 역할을 구분하지 않고, 남학생과 여학생 모두 동등한 기회와 능력을 가질 수 있다고 인식한 것이다.

전통적으로 한국을 비롯한 동아시아 나라들에서는 남성 중심의 문화가 만연하며, 여성들이 사회에서 차별을 받는 것으로 알려져 있다. 그러나 양성 평등 영역에 대한 높은 점수로 비추어볼 때, 한국 사회의 성차별적인 생각들이 과학교실 활동에서는 나타나지 않음을 알 수 있다. 실제로 한국에서는 여학생의 과학 참여를 향상시키기 위한 노력이 다양하게 이루어져 왔으며, 최근 국내 학업성취도 평가에서는 여학생들과 남학생들의 통계적인 유의미한 차이가 없는 것으로 보고되고 있다(곽영순, 2017).

과학 교사와 학생 간의 관계: 교사 권위 영역

이번에는 CLEQ 도구의 교사 권위 영역 결과를 통해서, 과학 교사와 학생 간의 관계에 대해 살펴보자. <표 4.5>에 제시된 바와 같이, 이 영역에서는 초등학생들이 3.83점, 중・고등학생들이 3.5점이었다. 초등학생들의 점수가 통계적으로 유의미하게 높았다. 다시 말해, 초등학생들이 교사의 권위에 순응하기보다는 도전적으로 행동하고, 교사의 생각과 다른 의견을 제시할 수 있다고 생각하였다. 반대로, 중・고등학교 학생들이 과학 교사와의 권력 격차를 더 많이 느끼고 있는 것으로 나타났다.

교실에서 학생들이 교사의 권위를 어떻게 인식하느냐 하는 것은 교사와 학생 간의 관계 형성 및 과학교실에서의 상호작용에 영향을 준다(Khine & Fisher, 2004; 이정아, 2009). 즉, 과학교실 안에서 이루어지는 모든 활동들에 중요하게 작용하는 것이다. <표 4.5>에서 보고된, 교사 권위에 대한 초・중등 학생들의 인식 차이 역시 과학교실에서의 상호작용과 참여에 대한 유의미한 차이로 연결될 수 있을 것이다. 이러한 인식 차이는 무엇에 기인하는 것일까? 아마도 초등학교와 중・고등학교 간의 수업 운영 방식이나 평가 시스템의 차이, 교사와의 관계 형성 구조 등 다양한 이유 때문일 수 있다. 하지만 교사가 갖는 권위는 인지적, 정서적, 사회적 측면에서 다양한 방식으로 발현된다(Buzzelli & Johnston, 2001). 따라서 교사의 권위에 대한 한국 학생들의 인식과 대응 방식에 관해서는, 본 조사에서 보고된 초・중등 학교급간 차이를 토대로 하여 더욱 심층적인 원인 분석이 이루어져야 할 것이다.

과학수업에서의 (불확실한 상황과 관련된) 특징: 차이, 모델링, 일치 영역

과학교실에 내재해 있는 불확실성에 대한 회피 성향은 구조화된 학습 상황에 대한 선호 정도, 정답이 없는 문제 혹은 다른 의견들이 공존하는 상황에 대한 반

응을 통해 나타난다(Hofstede, 1986). 이에 CLEQ 도구의 차이, 모델링, 일치 영역을 통해서 이러한 한국 학생들의 성향을 파악하였다. 한국 초·중등 학생들의 불확실성 회피 성향을 비교한 결과, 차이 영역과 일치 영역에서는 두 학교급 간에 유의미한 차이가 있었으나, 모델링 영역에서는 차이가 없었다. 각 영역별 결과에서 나타나는 학생들의 특징은 다음과 같다.

차이 영역에서는 중·고등학생들의 점수가 3.19점, 초등학생들의 점수가 2.94점으로 중·고등학생들의 점수가 초등학생들보다 통계적으로 유의미하게 높았다. 이는 초등학생들에 비해, 중·고등학생들이 불확실한 상황에 대해 회피하는 성향이 더 강했음을 보여준다. 다시 말해, 한국의 중·고등학생들은 과학 시간에 정답을 말해야 하고, 자신의 의견이 타인의 의견과 같아야 한다고 생각하는 성향이 더 강했다. 불확실한 상황을 잘 조절하는 능력은 과학탐구 활동을 잘 수행하는 데에 도움이 된다(Gervatt et al., 2007). 이를 고려했을 때, 한국의 중·고등학생들에게 불확실성 회피 성향이 큰 이유와 그 영향을 추가적으로 살펴볼 필요가 있겠다.

일치 영역도 학교급 간에 유의미한 차이가 있었던 영역으로, 학교에서 배우는 과학 학습이 일상생활과 얼마나 일치하는지를 묻는 영역이다. 일치 영역에 대한 응답에서는 초등학생들의 점수(3.76점)가 중·고등학생들의 점수(3.45점)보다 통계적으로 유의미하게 높았다. 즉, 초등학생들은 학교에서의 과학 학습이 일상생활과 밀접하게 관련된다고 생각했다. 그러나 중·고등학생들은 학교에서의 과학 학습이 생활과 괴리된다고 인식하는 비율이 높았다. 이는 앞서 4.1.2장에서 소개했던 선행연구들에서 보고된 결과들과 같은 특징으로서, 학교급이 올라갈수록 과학 내용이 추상적인 개념이나 공식을 주로 다루게 되는 교육과정 내용상의 변화 때문일 수 있다.

끝으로, 모델링 영역에서 초등학생들의 점수는 3.68점, 중·고등학생들의 점수는 3.63점으로 비슷한 결과를 보였다. 이는 한국 학생들은 초등학생이나 중·고등학생들 모두 수업 순서나 과정이 구조화되어 있는 것을 좋아하며, 구조화된 수업을 선호하는 정도가 비슷하다는 것을 의미한다. Hofstede(1991)의 문화적 차원에 의한 분류에 따르면, 한국은 불확실성 회피 문화가 강한 나라에 속한다. 한국의 불확실성 회피 문화는 구조화된 수업이나 학습 과제에 대한 한국 학생들의 선호도와 연결되어 있을 수 있다. 하지만 앞서 살펴본 바와 같이, 차이 영역에서 한국의 초등학생들이 서로 다른 의견에 수용적이었던 것을 감안해보면, 한국의 불확실성 회피 문화는 수업의 맥락에 따라 다른 정도로 발현될 수 있다는 점을 알 수 있다.

4.3.2 WIHIC 도구를 통한 과학교실의 환경적 특징 비교

과학교실을 둘러싼 또 다른 문화적 차원으로서, 이번에는 WIHIC 설문지를 통해 한국의 초등학교와 중・고등학교 과학교실의 환경적 특징을 살펴보았다. 그리고 조사된 특징들을 한국의 교육 시스템 및 문화와 관련지어 분석하였다. <표 4.6>은 과학 교실환경 도구 WIHIC을 활용하여, 한국의 초등학교와 중・고등학교 과학교실에서 형성되는 학습환경의 특징들을 조사한 결과이다. 이와 같이 과학교실에서 나타나는 특징들을 문화적 관점에서 해석하기 위하여, WIHIC 결과들을 과학교실에서 나타나는 4가지 문화적 차원에 대한 범주에 맞추어 기술하였다.

표 4.6 WIHIC 도구를 통한 과학교실의 환경적 특징 비교

교실에서 나타나는 4가지 문화적 특징	WIHIC 영역	M(SD) 초등	M(SD) 중등	t
개별 학생과 집단 간의 관계	학생 단결	3.79 (.70)	3.82 (.62)	−0.75
	협업	3.67 (.93)	3.47 (.86)	3.06**
과학교실에서의 형평성 (양성 평등 포함)	평등	3.78 (.92)	3.69 (.83)	1.35
과학 교사와 학생 간의 관계	교사 지원	3.10 (.98)	3.20 (.82)	−1.53
과학수업에서의 (불확실한 상황들과 관련된) 특징	참여	3.01 (.98)	2.80 (.85)	3.21**
	탐구	3.10 (1.06)	2.86 (.92)	3.26**
	과제 지향	3.91 (.90)	3.56 (.82)	5.54**

* $p < .05$, ** $p < .01$

개별 학생과 집단 간의 관계: 학생 단결과 협업 영역

과학교실에서 개인과 집단의 관계를 WIHIC 도구의 학생 단결과 협업 영역을 통해 조사하였다. 학생 단결 영역은 학생들 간의 정서적 친밀도를 의미하고, 협업 영역은 수업에서의 인지적 협력 활동이 이루어지는 정도를 의미한다.

설문 결과, 학생 단결 영역의 경우 초등학교 3.79점, 중 · 고등학교 3.82점으로 두 학교급 학생들 모두 비교적 높은 결과를 나타냈다. 다시 말해, 한국의 과학교실에서는 정서적 친밀도와 교류가 높았다. 이에 비해 인지적 협력과 관련된 협업 영역에 대해서는 초등학교가 3.67점, 중 · 고등학교가 3.47점으로 초등학교의 점수가 중 · 고등학교의 점수보다 통계적으로 유의미하게 높았다. 즉, 중등학교 과학교실보다 초등학교 과학교실에서 인지적인 협력 활동이 활발하게 일어나고 있다는 것을 알 수 있다. 이러한 결과는 상위 학교급으로 갈수록 실험이나 탐구 활동이 줄어든다는 TIMSS 2015 결과와 연결된다. 즉, 교사 중심의 설명식 수업이 만연한 중 · 고등학교 과학교실에서 학생들은 실험이나 탐구 활동 기회를 갖지 못하고, 이는 인지적인 협력 활동의 감소로 연결되는 것이다. 종합하면, 한국의 과학교실에서는 초등학교와 중 · 고등학교 모두 학생들 간의 정서적인 협력과 구성원들 간의 친밀도는 높은 편이지만, 인지적인 협력 활동에 대해서는 상위 학교급으로 올라갈수록 줄어든다고 볼 수 있겠다.

과학교실에서의 형평성: 평등 영역

과학교실에서의 형평성 문제는 언어, 문화, 사회경제적 위치, 혹은 성에 따른 불평등 문제를 개선하기 위해 지속적으로 관심 받아온 이슈이다(Lee & Buxton, 2010). 형평성 문제와 관련하여 한국의 초등학생들의 점수는 3.78점, 중 · 고등학생들의 점수는 3.69점이었다. 즉, 과학교실에서의 형평성 문제에 대하여 초등학생들이 중 · 고등학생들보다 다소 긍정적으로 생각하고 있었으며, 두 집단 간에 통계적으로 유의미한 차이는 없었다. 또한 두 학교급의 점수 모두 3.6점 이상으로, 어느 정도 높은 점수를 기록하고 있었다. 이로써 한국 과학교실에서 학생들은 비교적 공평한 관심과 학습 참여 기회를 받고 있다고 볼 수 있다.

과학 교사와 학생 간의 관계: 교사 지원 영역

교사 지원 영역은 한국 학생들이 과학 교사와 갖는 관계를 보여주는 영역으로서, 교사가 학생들에게 인지적, 정서적으로 얼마나 관심을 갖고 지원하는지를 나타내는 지표이다. 교실에서 학생들이 교사와 어떠한 관계를 맺느냐에 따라 교실에서의 참여와 상호작용, 나아가 성취도가 달라진다. 따라서 교사와 학생 간의 긍정적인 관계 형성은 매우 중요하다.

하지만 한국 학생들의 교사 지원 영역에 대한 결과는 다른 영역들에 비해 좋지 않았다. 구체적으로 살펴보면, 초등학생들의 점수가 3.1점, 중·고등학생들의 점수가 3.2점으로 점수가 매우 낮았으며, 두 학교급 간에 통계적으로 유의한 차이는 없었다. 특히 대부분의 영역들에서 초등학생들의 점수가 중·고등학생들의 점수보다 높았던 것에 비하면, 교사 지원 영역에서는 오히려 더 낮았다. 이를 통해 한국 학생들은 초등학교 때부터 중·고등학교에 이르기까지 인지적, 정서적으로 교사의 지원을 충분히 받지 못한다고 생각한다는 점을 알 수 있다.

과학수업에서의 (불확실한 상황과 관련된) 특징: 참여, 탐구, 과제 지향 영역

마지막으로 과학수업에 대한 전반적인 특징을 나타내는 참여, 탐구, 과제 지향 영역을 살펴보자. 먼저, 참여 및 탐구 영역의 경우, 초등학교와 중·고등학교 모두에서 가장 취약한 영역들로 보고되었다. 그 중 참여 영역은 초등학생들의 점수가 3.01점, 중·고등학생들의 점수가 2.80점이었으며, 탐구 영역은 초등학생들의 점수가 3.10점, 중·고등학생들의 점수가 2.86점이었다. 한국의 과학과 교육과정은 제3차 교육과정부터 탐구 중심으로 전환하고자 노력하였으며, 학생 중심의 과학수업을 이루기 위해 지속적으로 학생의 참여를 독려해왔다. 이러한 노력에도 불구하고, 이 두 영역은 여전히 취약한 모습을 보이고 있다. 초등학교와 중·고등학교의 결과를 비교해보면, 두 영역 모두 초등학교의 점수가 중·고등학교의 점수보다 통계적으로 유의미하게 높았다. 이러한 결과는 과학에 대한 낮은 흥미와 낮은 자신감, 그리고 낮은 참여를 나타내는 한국 중·고등학교의 실태를 잘 보여준다 하겠다.

이처럼 참여 및 탐구 영역의 저조한 결과와는 대조적으로, 과제 지향 영역의 점수는 비교적 높았다. 과제 지향 영역은 학생들이 수업 시간에 계획된 활동을 수행하고 과제를 지속하는 정도를 나타낸다. 설문 결과, 초등학교의 점수가 3.91점, 중·고등학교의 점수가 3.56점으로 보고되었다. 과제 지향 영역에 대한 학생들의 높은 점수는 비록 한국 학생들이 과학교실에서 탐구와 참여 기회는 충분히 갖지 못하지만, 수업의 목표와 계획된 활동에 대한 집중도와 지속력이 높다는 것을 보여준다. 과학 학습에 대한 흥미와 참여가 낮음에도 불구하고, 수업의 목표와 활동에 대한 높은 집중력을 보이는 한국 학생들의 원동력은 무엇일까? 이는 한국을 비롯한 동아시아 학생들의 문화적 성향과 연결되어 해석될 수 있다. 가령, 여러 연구들에서 보고되었던바, 동아시아 문화권 특유의 학습에 대한 '성실함', 그리고 학습에 대한 높은 '열망'에서 찾을 수 있을 것이다(Lee, 1997). 특히 한국의 초등학생들의 경우, 과제 지향 영역의 점수가 중·고등학생들보다 유의미하게 컸을 뿐 아니라, 검사 도구의 다른 영역들 중에서도 가장 높은 결과를 나타냈다. 한국 과학교육의 지향점이 과학교실에서 나타나는 취약점을 보완하고 강점을 키우는 것에 있다고 보았을 때, 과제에 대한 한국 학생들의 집중력과 지속력은 키워야할 강점 중 하나가 되어야 할 것이다.

4.4 문화적 특성을 고려한 과학교실 수업을 위하여

이 장에서는 성취와 흥미 간의 불균형 현상이 초등학교에서 중·고등학교로 갈수록 심해진다는 점에 주목하였다. 이에 한국의 초등학교와 중·고등학교 과학교실에서 나타나는 문화적 특징들을 비교하였다. 이를 위하여 두 가지 학습환경 도구인 CLEQ와 WIHIC을 활용해 과학교실을 둘러싼 서로 다른 문화적 차원의 특징을 조사하고 해석하였다. 구체적으로는 CLEQ 설문조사 결과를 통해 두 학교급 학생들의 문화적 성향을 비교하였으며, WIHIC 결과를 통해서는 두 학교급 과학교실의 환경적 특징을 비교하였다. 이 결과들을 '개인과 집단과의 관계', '과학교실에서의 형평성', '학생과 교사와의 관계', '과학수업에서의 특징'이라는 4가지 문화적 관점에서 분석하였다. 설문 결과를 구체적으로 살펴보면 다음과 같다.

첫째, 개인과 집단과의 관계에 대한 관점으로 볼 때, 학교급을 불문하고 대부분의 한국 학생들은 자신이 높은 성취를 얻는 것보다는 구성원으로 소속되어 친구들과 함께 활동하는 것을 더 중요하게 여겼다. 또한 과학교실 내의 정서적 교류도 두 학교급 모두에서 많이 발생하였으며, 구성원들 간의 친밀도 역시 높은 편이었다. 하지만 세부적으로는 중・고등학교 과학교실보다 초등학교 과학 교실에서 협력 활동이 더 활발한 모습을 보였다. 예를 들어, 초등학생들이 중・고등학생들보다 집단 구성원으로 소속되어 함께 활동하는 것을 더 좋아했으며, 과학교실에서의 인지적인 협력 활동 역시 초등학교에서 중・고등학교로 갈수록 유의미한 차이로 줄어드는 모습을 보였다.

둘째, 과학교실 활동으로의 참여와 사회적 역할에 대한 형평성을 보면, 한국 학생들은 초등학교나 중・고등학교 모두 남녀평등 의식이 매우 높았으며, 이에 대해 학교급별로 유의미한 차이가 없었다. 다시 말해, 과학 학습에 있어서 남학생과 여학생은 두 학교급 모두에서 공평한 기회를 가지고 참여하고 있었다.

셋째, 학생과 교사와의 관계에 대해서는, 초등학생들에 비해 중・고등학생들이 과학교실에서 교사와의 권력거리를 더 많이 느끼고 교사의 권위에 순응하는 편이었다. 반면 초등학생들은 중・고등학생들보다 교사에게 더 도전적으로 행동하고, 교사에게 다른 의견을 제시하거나 반박할 수 있다고 생각하는 모습을 보였다. 하지만 교사로부터 받는 지원에 대해서는 학교급을 불문하고 충분치 못하다고 인식하였다.

넷째, 한국의 과학수업에 나타나는 특징들을 보면, 두 학교급 학생들은 공통적으로 구조화된 수업을 선호했으며, 학교급 간 차이는 있었으나 과제에 대한 집중도와 지속력이 높은 편이었다. 한편, 초등학생보다는 중・고등학생들이 수업에서 정답을 말해야 한다거나, 자신의 의견이 타인의 의견과 같아야 한다고 생각하는 경우가 많았으며, 학교 과학 학습이 일상생활과 괴리되어 있다고 생각하는 경우도 많았다. 또한 초등학생에 비해, 중・고등학교 학생들은 수업 참여가 유의미한 정도로 적다고 답했으며, 탐구 활동도 잘 이루어지지 않는다고 보았다. 이러한 결과는 과학을 배울수록 과학에서 멀어지는 한국 학생들의 상황들을 다시 한 번 여실히 보여주는 것이다.

이처럼 같은 한국의 과학교실이라 해도, 학교급에 따라 문화적 측면에서 여러 공통점과 차이점이 나타난다. 우선 공통점을 살펴보면, 한국 학생들은 집단이나 동료들과의 정서적 친밀감과 소속감을 중요하게 여겼으며, 구조화된 수업 방식을 선호했다. 과학교실에서는 누구나 공평하게 참여하는 편이었고, 남녀가 평등하게 행동했다. 교사의 지원이 부족한 것도 동일했다. 이러한 특징들은 학교급에 상관없이 한국의 모든 과학교실에서 나타나는 공통된 현상이다. 반면 학교급 간에 여러 차이점들도 있었는데, 초등학생보다는 중·고등학생들이 교사와의 권력 격차를 더 많이 느끼고 있으며, 그래서 교사의 설명이나 의견을 더 많이 따른다고 응답했다. 또한 과학 학습에서 정답을 찾아야 한다는 생각이 더 강했으며, 학교 과학 학습이 일상생활과 괴리된다고 인식하는 정도도 강했다. 교실 활동에 있어서도 중·고등학교 과학교실에서는 친구들과 인지적으로 협력하는 활동이나 실제로 탐구에 참여하는 기회가 적게 이루어진다고 응답했다.

학습에 대한 문화적 관점에서는 학교에서의 과학 학습을 '학교 과학 문화에 적응하는 문화화(enculturation)'의 과정이라고 본다(Aikenhead, 2000). 즉, 학생들은 과학교실 활동에 참여하면서 학교 과학 문화에 적응해야 하는데, 이러한 과정을 학습이라고 보는 것이다. 따라서 학습을 돕기 위해서는 학생들이 학교에서 경험하는 학교 과학 문화에 대한 충분한 이해가 필요하다. 여기에서 학교 과학 문화란, 해당 국가의 문화와 과학의 문화를 비롯한 여러 차원의 문화들이 통합되어 나타난 모습으로서(Aikenhead, 2000), 각 나라의 문화에 따라 다른 특징을 나타내고 있다. 같은 맥락에서, 한국의 학교 과학 문화도 나름의 고유한 특징을 지니고 있다.

이 장에서 기술되었던 한국 학생들과 한국 과학교실의 문화적 특징들을 생각해보자. CLEQ와 WIHIC 도구를 통해 드러난 한국의 학생들과 과학교실의 모습은 결국, 한국 사회에서 형성된 '학교 과학 문화'의 단면일 것이다. 한국 학생들의 학습 과정을 좀 더 잘 이해하기 위해서는 한국의 학교 과학 문화와 교실 문화에 대한 이해가 수반되어야 한다. 이러한 맥락에서 이 장에서 밝힌 학교급 간에 나타나는 과학교실과 한국 학생들의 문화적 특징들은 한국의 학교 과학 문화에 대한 이해의 단초가 될 것으로 기대된다. 물론 이 장에서 기술된 한국의 학교

과학 문화에는 여러 특징들이 공존했으며, 특히 초등학생들과 중·고등학생들이 인식한 과학교실의 모습이 늘 긍정적이었던 것만은 아니다. 그럼에도 불구하고 학년이 올라갈수록 교사의 권위에 순응하고, 더 정확한 답을 찾도록 길러지는 한국의 사회적, 문화적 환경들은 한국 학생들이 문화적으로 적응해왔고, 동시에 현실적으로 적응해야 하는 문화라는 점이 중요하다.

나아가 이 장에서 기술한 특징들은 학교 과학 문화에 대한 이해를 넘어서, 문화적 특징을 고려한 과학교실 수업(culturally appropriate pedagogies)을 구성하기 위한 토대가 될 것으로 기대된다. 예를 들어, CLEQ 설문에서 한국 중·고등학생들이 지향하는 학습의 형태와 방향은 열린 학습보다는 구조화된 학습이었다. 이들은 또한 교사의 인지적 권위에 순응하는 편이었다. 따라서 이들을 대상으로 한 탐구나 논변 활동을 실행할 때에는, 이러한 문화적 성향을 고려해서 수업 방향을 좀 더 구체적이고 안내된 형태로 설계하는 것이 더 효과적일 수 있다. 이외에도 한국 학생들과 교사와의 관계, 개별 학생과 집단 간의 관계에 대해서도 더 많은 이해를 해야 한다. 이와 같이 문화적 관점에서 학생들의 성향 및 교실의 사회적 환경을 이해하는 것은 수업 활동을 설계하고 효율적으로 실행하는 데에 핵심적인 역할을 해 줄 것이다.

참고문헌

김미영, 조지민 (2013). TIMSS 결과에 기초한 과학의 정의적 성취 특성 및 과학 교사의 인식 분석. 한국과학교육학회지, 33(1), 46-62.

곽영순 (2017). TIMSS 2015 중학교 2학년 지구과학 영역에 대한 우리나라 학생들의 성취 특성 및 교육과정 연계성 탐색. 한국과학교육학회지, 37(1), 9-16.

이재봉 (2016). 중학교 과학수업 학습 환경에 대한 변화 분석. 한국과학교육학회지, 36(5), 717-727.

이정아 (2009). 해석-언어적 접근을 통한 과학수업의 이해와 그 함의. 미출판 박사학위논문. 서울대학교 대학원, 서울.

임유나 (2014). 우리나라 중학생의 과학 정의적 특성 추이 및 과학 학업성취와의 상관과 영향력 분석. 학습자중심교과교육연구, 14, 1-21.

장진아, 나지연, 송진웅 (2015). 문화적 관점에서 학습 환경 검사 도구 재해석하기-과학 교실문화 이해를 위한 활용가능성 탐색. 초등과학교육, 34(2), 238-251.

조헌국 (2012). 초등학생들의 과학 관련 태도에 대한 문헌 연구. 초등과학교육, 31(4), 436-449.

홍미영, 정은영, 이미경, 곽영순 (2006). TIMSS 2003 성취 수준에 따른 우리나라 중학생들의 과학 성취도 분석. 한국과학교육학회지, 26(2), 246-257.

Abd El Khalick, F., Boujaoude, S., Duschl, R., Lederman, N. G., Mamlok Naaman, R., Hofstein, A., Niaz, M., Treagust, D., & Tuan, H. L. (2004). Inquiry in science education: International perspectives. Science education, 88(3), 397-419.

Aikenhead, G. S. (2000). Renegotiating the culture of school science. Improving science education: The contribution of research, 245-264.

Aldridge, J. M., Fraser, B. J., & Huang, T. C. I. (1999). Investigating classroom environments in Taiwan and Australia with multiple research methods. The Journal of Educational Research, 93(1), 48-62.

Buzzelli, C., & Johnston, B. (2001). Authority, power, and morality in classroom discourse. Teaching and teacher education, 17(8), 873-884.

Chang, J., Na, J., & Song, J (in press). A comparison of science classroom environments between Korea and Thailand with a focus on their cultural features. Asia-Pacific Science Education.

Fisher, D. L., & Waldrip, B. G. (1997). Assessing culturally sensitive factors in the learning environment of science classrooms. Research in Science Education, 27(1), 41-49.

Fisher, D. L., & Waldrip, B. G. (1999). Cultural factors of science classroom learning environments, teacher student interactions and student outcomes. Research in Science & Technological Education, 17(1), 83-96.

Fiske, A. P., Kitayama, S., Markus, H. R., & Nisbett, R. E (1998) The cultural matrix of social psychology. In D. T. Gilbert, S. T. Fiske, & G. Lindzey (Eds.), The Handbook of Social Psychology (pp. 915-981). Iowa: The McGraw-Hill Co.

Fraser, B. J. (1998). Classroom environment instruments: Development, validity and applications. Learning environments research, 1(1), 7-34.

Fraser, B. J. (2002). Learning environments research: Yesterday, today and tomorrow. Studies in educational learning environments: An international perspective, 1-25.

Geertz, C. (1973). The growth of culture and the evolutions of mind. In C. Geertz, The interpretation of cultures (pp. 55-87). New York: Basic Books.

Grevatt, A., Gilbert, J. K., & Newberry, M. (2007). Challenging able science learners through models and modelling. In Science Education for Gifted Learners, (pp. 101-115). New York, Routledge.

Happiness therapy: South Korea has the world's most unhappy students [Happiness therapy: La Corée du sud a les élèves les plus malheureux du monde]. (2013, December 4). Le monde. Retrieved from http://bigbrowser.blog.lemonde.fr/2013/12/04/happiness-therapy-la-coree-du-sud-championne-des-bons-resultats-scolaires-a-les-eleves-les-plus-malheureux-du-monde/.

Hofstede, G. (1983). The cultural relativity of organizational practices and theories. Journal of international business studies, 14(2), 75-89.

Hofstede, G. (1986). Cultural differences in teaching and learning. International Journal of intercultural relations, 10(3), 301-320.

Hofstede, G. (1991). Cultures and organizations: Software of the mind. London: McGraw-Hill.

Khine, M. S., & Fisher, D. L. (2004). Teacher interaction in psychosocial learning environments: Cultural differences and their implications in science instruction. Research in Science & Technological Education, 22(1), 99-111.

Lee, O. (1997). Diversity and equity for Asian American students in science education. Science education, 81(1), 107-122.

Lee, O., & Buxton, C. A (2010). Diversity and Equity in Science Education: Research, Policy, and Practice. Multicultural Education Series. New York: Teachers College Press.

Martin, M. O., Mullis, I. V. S., Foy, P., & Hooper, M. (2016). TIMSS 2015 International Results in Science. Retrieved from Boston College, TIMSS & PIRLS International Study Center website: http://timssandpirls.bc.edu/timss2015/international-results/

Mullis, I. V. S., Martin, M. O., Foy, P., & Hooper, M. (2016). TIMSS 2015 International Results in Mathematics. Retrieved from Boston College, TIMSS & PIRLS International Study Center website: http://timssandpirls.bc.edu/timss2015/international-results/

Ripley, A. (2013). The smartest kids in the world: And how they got that way. New York: Simon and Schuster.

Sewell, W. H. Jr. (1999). The concept(s) of culture. In V. E. Bonnell & L. Hunt (Eds.), Beyond the cultural turn: New directions in the study of society and culture (pp. 35-61). Berkeley, CA: University of California Press.

Song, J. (2013). The disparity between achievement and engagement in students' science learning: a case of East-Asian regions. In D. Corrigan, R. Gunstone, & A. Jones (Eds.) Valuing Assessment in Science Education: Pedagogy, Curriculum, Policy, (pp. 285-306). Dordrecht: Springer Netherlands.

이 장은 2016년 대한민국 교육부와 한국연구재단의 지원을 받아 수행된 연구임(NRF-2016S1A3A2925401)

CHAPTER 5

사회문화적 관점에서 본 동아시아 과학교실의 참여 특징

강다연(서울대학교)
마틴 산야(서울대학교)

동아시아 문화권 학생들은 전통적으로 수업에 침묵하는 비참여적인 학습자로 인식되어왔다. 이 장에서는 교실침묵을 학생들이 목적을 가지고 수행하는 하나의 '활동'으로 인식한 Schultz(2009)와 Hao(2011) 등의 관점을 토대로, 동아시아 문화권의 과학교실 내에서의 참여 양상을 이해하고자 한다. 또한 문화권 내의 연구자들에 의해 독자적으로 개발된 두 가지 설문조사 도구와 이를 이용하여 수행된 연구들을 간략히 소개함으로써, 동아시아 문화권에서 나타나는 독특한 참여 양상에 대해 새로운 시각이 필요함을 역설할 것이다. 최종적으로 William Sewell의 구조 | 행위성 이론(1992; 1999)을 통해, 동아시아 문화권에서 교실침묵 현상이 발생하는 사회문화적 원인에 대해 논할 것이다.

5.1 침묵이란 무엇인가

과거에는 침묵을 단순히 '말이 없는 상태'라고만 인식하였으나, 오늘날에는 활발하고도 폭넓은 연구가 진행됨으로써 학계와 이론적 틀에 따라 다양한 정의가 내려지고 있다. 전통적으로 교육학 분야에서는 교실 상황에서의 발화(speaking)를 교사의 지시와 학생의 참여를 나타내는 중요한 척도로 인식하였다. 때문에 침묵은 담화에 대립되는 활동이자 부정적인 현상으로 간주되었다. 특히 1990년

대에 이르러 사회적 구성주의가 학습이론으로 널리 받아들여짐에 따라, 참여와 침묵에 대한 인식은 급격히 변화되었다. Vygotsky(1978)에 의해 형성된 사회적 구성주의에 따르면, 지식이 발전되고 의미가 형성되기 위해서는 반드시 학습자와 사회적 동료 사이에 "적극적 참여(active engagement)"가 수행되어야 한다. 이러한 적극적 참여 개념이 도입되면서 과학교육에서는 '과학을 수행하고 말하는(do and talk science)' 언어적 참여의 중요성이 집중적으로 조명되었다(Jenkins, 2000). 과학교육 연구자들은 대화를 촉진하는 실습과 체험 탐구(hands-on exploration)를 강조하면서, 이를 통해 모든 학생들을 교실 담화에 참여시킬 수 있는 "학생 중심"의 교수법을 도입해야 한다고 주창하였다. 이에 일방적인 강의나 시연 등 전통적인 교사 중심 교수법에 의존하고 학생들의 대화를 제재하는 교사들은 전문성이 부족한 것으로 여겨졌다. 강의를 집중해서 듣거나 과학 시연을 관찰하는 등의 비언어적 참여는 상대적으로 무가치하게 여겨졌으며, 교실침묵 현상 역시 부정적이고 비참여적인 형태의 산물로 인식되었다. 동시에 내성적이고 수업시간에 조용한 학생 또한 비참여적인 학생으로 간주되었다.

이 장에서는 침묵이 생산되는 면에 대해서 사회문화적으로 접근하려고 한다. 즉, 침묵은 사회적 맥락에 의해 형성되지만 동시에 그 침묵이 사회적 맥락을 형성한다는 변증적 실천(practice)으로 규정하려는 것이다(Jaworski, 1993; Schultz, 2009). 이러한 관점에 따르면, 침묵이라는 것은 외부에 의해 강요되어 나타나기도 하지만, 때로는 침묵하는 당사자에 의해 자의적으로 선택되는 또 하나의 의사소통인 것이다. Goldberger(1996)는 그의 연구에서 자의적인 침묵을 외부가 개인을 "침묵시키는" 구조적 침묵과 구분하였다. 그에 따르면 구조적 침묵(structural silence)은 한 개인이 외부 압력에 의해 말하는 것을 삼가고 침묵하게 되는 현상이다. 이것을 교실 환경에 적용해보면, 학생에게 침묵할 것을 기대하고 강요하는 암묵적인 구조가 교실 내에 존재한다는 것이다. 예를 들어, 교사가 강의를 할 때 학생에게 조용히 할 것을 기대하고 그렇지 않으면 제재를 가하게 되는데, 이러한 것이 바로 학생들에게 강요되는 일종의 구조이자 규칙이다. 그 뿐 아니다. 교사가 학급 전체에게 질문을 할 때, 만일 교사가 기대하는 올바른 답변을 할 만한 지식이 학생에게 없다면, 그 학생은 구조적으로 참여를 제한받게 된다. 이와 같은 예시들은 모두 학생들에게 침묵이 강요되는 상황을 보여준다.

반면, 이와 같은 '구조적 침묵'과 구분하여, 개인이 자의적으로 선택하여 침묵을 수행하는 경우가 있는데, 이것을 Goldberger는 '전술적(tactical) 혹은 전략적(strategic) 실천'이라고 주장하였다. 예를 들면, 조별 토의를 할 때 다른 학생들이 자신의 이야기를 들어주지 않을 것 같다고 느끼는 상황에서 침묵하거나, 혹은 다른 학생들의 이야기를 듣고 자신의 판단을 유보하기 위해 침묵하는 것 등이다. 이 같은 경우의 침묵은 학생들 자신에 의해 선택된 것이며 좀 더 개인적인 것이다.

이 두 가지 침묵 개념에 대한 논의는, 담화를 수행하든 침묵을 수행하든 그것이 '문화적으로 형성된 실천'이라는 관점에 근거한다. 교실 공동체에서 구성원이 이야기하거나 침묵하는 상황은 사회적 규범과 행동에 의해 구성된 것이다(Ollin, 2008; Schultz, 2009). 이것은 공동체의 구성원이라면 누구나 예측이 가능하다. 다시 말해, 침묵은 사회적 맥락에서 전형적이고 적절한 형태로 발생하며, 이는 사회적 구성원이라면 예상할 수 있는 결과라는 것이다. 이 장에서는 동아시아 문화권의 교실 환경에서 나타나는 침묵이 "소통적 실천"이며 일종의 "비언어적 참여"라는 점을 논의할 것이다. 또한 학생들의 언어적, 비언어적 참여를 형성하는 교실의 구조에 대해서도 규명할 것이다. 이로써 동아시아 문화권 학생들이 수행하는 침묵이 단순한 '담화의 부재 현상'이 아닌 '구조에 의한 실천'임을 이해할 수 있을 것이다.

5.2 동아시아 문화권의 참여에서 나타나는 구조와 행위성

전통적으로 동아시아 문화권 학생들은 조용하며 비참여적이라고 인식되어 왔다(Jones, 1999; Mathews, 2000; Ng, Lee, & Park, 2007). 이러한 인식이 교실침묵 현상과 결합되어, 동아시아 문화권 학습자에 대한 부정적인 고정관념으로 자리 잡은 것도 사실이다(Martin, 2017). 그러나 1장에서 언급한 바와 같이, 동아시아 문화권 학생들은 비참여적인 태도를 지니며 과학에 대해서도 흥미가 낮지만, 학업 성취에 대해서는 높은 수준을 나타내 보이고 있다(Gonzales et al., 2008;

Martin et al., 2008; Martin et al., 2016; OECD, 2012; 2015). 이러한 현상은 참여가 학생들의 학업 성취에 영향을 미친다는 선행연구(Harris, 2011)에 위배되는 것으로, 동아시아에서만 나타나는 이러한 불균형 현상(East-Asian Disparity)은 거시적 관점으로 이해할 필요가 있다. 그러려면 무엇보다 사회문화적 접근을 해야만 한다(Song, 2013).

동아시아의 불균형 현상을 설명하는 가장 대표적인 개념은 성리학이다(Kim, 2009; Lee, 2006; 이기석, 2013). 성리학적 관념은 500년이 넘는 세월 동안 동아시아 문화권의 근간으로 존재해 왔으며, 현재의 교실문화에까지 영향을 주고 있다. 성리학에서 학습의 목표는 이상적인 인간상을 이루는 것, 즉 '군자'가 되는 것이다. 학습은 군자의 덕을 쌓는 데에 가장 중요한 것으로, 범인이 군자가 되기 위해서는 평생에 걸쳐 자신을 수양하며, 수용적이고 성찰적인 태도를 견지해야 한다. 무엇보다 성현들의 말을 반복하고 암기함으로써 지식의 보전을 추구해야 하는데, 이런 점에서 성리학의 학습은 서양에서 인식하는 학습과는 근본적으로 차이가 난다(Ballard & Clanchy, 1991; Nakane, 2007에서 재인용). 성리학에서는 말을 삼가고, 말보다는 행동을 통해 '인'을 실천하는 것이 진정한 군자의 도라고 강조한다. 뿐만 아니라 효와 가부장제를 기반으로 웃어른을 공경하고 순종하기를 권함으로써, 의견을 표출하는 것을 삼가는 분위기, 즉 비언어적 참여라는 사회적 분위기를 형성하기도 하였다.

이러한 분위기는 오늘날까지 학생들의 교실 참여에 영향을 끼쳤다. Sewell (1992;1999)의 구조ㅣ행위성 이론에 따르면, 사람들은 사회적 장(field) 안에서 다양한 종류의 문화적 실천을 수행한다. 여기서 장이란 개인이 속해 있는 물리적이자 사회적인 공간(Bourdieu, 1986)으로, 모든 장은 개인이 특정한 실천을 수행하도록 지지하거나 억제하는 구조(structure)를 가진다. 이때 개인이 수행할 수 있는 실천은 그 개인이 속해 있는 장의 행위성(agency)에 영향을 받는다. 그러나 문제는 개인마다 여러 장에 속할 수 있으며, 각 장에서 가치 있게 여겨지는 문화적 실천들 사이에는 불일치가 일어난다는 것이다. 그래서 비언어적 참여를 장려하는 사회적 분위기에서 자란 동아시아 문화권 학생들이 언어적 참여를 중시하는 과학교실 내에서 혼란을 겪는 일이 생길 수도 있게 된다.

과학교실이라는 사회적 장에서 교사와 학생들은 행위자로 존재한다. 이들은 과학교실을 구성하는 여러 구조의 영향을 받아, 교실 내의 상호작용 과정에서 다양한 실천을 한다. 여기서 과학교실의 구조란 교실 구성원들이 공유하는 사회적 규칙으로, 표면적으로 드러난 것과 암묵적으로 내재한 것들을 모두 포함한다. 교실의 자리 배치부터 교과목의 편성, 교사가 채택한 교수 방법, 학급 규칙 등 모든 것이 과학교실을 구성하는 구조에 해당한다. 따라서 교사가 인식하는 구조와 비슷한 구조를 공유하는 학생들은 교사가 기대하는 바를 잘 파악하고 적절히 실천함으로써, 바람직한 학생으로 자리하게 된다. 이러한 학생들에게 교실은 목표(학업 성취, 진로 등)를 달성하기에 더없이 좋은 환경이 되며, 교실 구조는 그들의 행위성을 보장하는 일종의 장치가 된다. 하지만 침묵이나 비언어적인 참여를 선호하는 학생들은 발화가 기대되는 교실 구조에 부합하지 않는다. 그들은 참여라는 목표에 미달되는 것이다. 이러한 학생들은 비언어적 참여의 실천을 통해 학습을 수행하고 목표를 달성하기 때문에, 현재의 교실 구조에서는 행위성이 제한될 수밖에 없다.

따라서 교실에서 학생들이 행하게 될 실천에 영향을 주는 요소들을 규명하기 위해서는 먼저 교실 내의 도식과 자원을 인식하고 또 이해할 수 있어야 한다. Sewell의 구조 | 행위성에 관한 변증적 이론(1992: 1999)을 다시 언급하자면, '도식'은 학교와 같은 장의 구성원들이 공유하는 신념과 가치를 지칭하며, '자원'은 교사와 학생이 교실에서 개인적 목표 또는 집단의 공동 목표를 달성하기 위해 사용할 수 있는 물질적 · 인간적 · 상징적 수단을 의미한다. 이처럼 교실의 구성원들이 일반적으로 가지고 있는 모든 종류의 인식은 학생들이 자원을 사용할 때에 행하는 실천을 형성한다. 예를 들어, 학생이 책상이나 책, 연필 등 물질적 자원을 사용하는 방법에 대한 인식이나, 학생이 수업시간에 앉는 방법에 대한 인식 등의 도식은 학생들이 과학수업 중 행하게 될 실천을 형성한다. 이것을 교실 침묵 현상과 관련해서 말한다면, 교사가 자신이 강의를 하는 동안 학생들이 침묵할 것을 기대하고 예상하는 것 역시 강의 중 학생들의 실천을 구조화하는 것이다. 이러한 구조에서는 언어적 참여를 선호하는 학생들이 과학 학습의 담화에 참여할 행위성을 제한받게 된다. 반대로 비언어적 참여 혹은 침묵에 관한 기대

를 공유하는 학생들은 교실의 구조가 자신들이 선호하는 실천에 부합한다고 느끼게 될 것이다.

이 장에서는 위와 같은 이론적 틀을 바탕으로, 한국의 과학교실의 구조가 학생이 선호하는 형태의 학습에 부합하며 학습에 관한 학생의 행위성을 제공하고 있는지 확인하고자 한다. 이를 위해 설문 도구를 개발하고 학생들이 언어적 참여와 비언어적 참여 중 어떤 방식의 참여를 선호하는지, 또 교실 구조의 다양한 도식과 자원에 대해 어떻게 생각하는지를 규명하고자 하였다. 이어지는 절에는 저자들이 속한 연구진에서 개발한 두 가지 설문조사 도구를 제시해 놓았다. 초기 설문조사 도구인 '우리 반 과학수업에 대한 설문(Engagement and Participation in Classroom; EPIC)'과 수정보완한 도구인 '과학수업 내 참여에 대한 설문(Engagement and Participation in Classroom-Science; EPIC-S)'이 그것이다. 이 두 가지 설문조사 도구를 이용하여 수행한 연구들을 간략히 서술함으로써, 동아시아 문화권의 독특한 참여 양상에 대해 논하고자 한다.

5.3 동아시아 문화권의 참여 양상의 해석을 위한 설문 도구의 개발

이 절에서는 과학수업 내 참여 양상과 침묵 현상을 설명하기 위해 개발된 설문 도구들에 대해 소개하고, 한국과 대만에서 진행된 연구결과를 간단히 비교하고자 한다. 먼저 '우리 반 과학수업에 대한 설문(Engagement and Participation in Classroom; EPIC)'은 학생들이 스스로 과학수업에서 언어적 실천을 선호하는지 비언어적 실천을 선호하는지 성찰할 수 있도록 하는 자기보고검사 도구이다. 이후 저자들이 속한 연구진은 학생들이 과학수업에서 보이는 참여 선호를 자세히 분석하기 위해, EPIC에 과학 특화 항목들을 보강하여 '과학수업 내 참여에 대한 설문(Engagement and Participation in Classroom-Science; EPIC-S)'으로 발전시켰다. EPIC과 EPIC-S를 이용하여 한국과 대만에서 설문을 진행함으로써, 동아시아 문화권 교실에서 나타나는 참여 양상에 대해 국제 비교연구를 수행하였다.

5.3.1 우리 반 과학수업에 대한 설문(EPIC)

EPIC은 과학 학습 및 수업 참여에 대한 학생들의 인식과 참여 선호도를 조사하기 위해 개발된 설문 도구이다. EPIC을 통해 학생들은 학습자로서 자신을 어떻게 인식하고 있으며, 과학수업에서 어떠한 참여 양식(언어적, 비언어적 등)을 선호하는지 알 수 있다. EPIC은 5점 리커트 척도를 사용하고 있으며, 총 6개의 하위 영역으로 구성되었다. EPIC의 세부 구성은 <표 5.1>과 같다.

표 5.34 EPIC의 세부 구성(박지선, 산야마틴, 주혜은, 2015)

영역	항목 세부사항	문항 수
기본정보	인적 정보 및 교실 자리 배치 선호도	10
과학수업 분위기	일반적 학습환경	4
교수-학습 방법	사용되는 과학 교수법	8
참여	과학 수업참여에 있어 효과적 방법	11
과학수업 목적	과학교실에 대해 학생의 기대하는 바	4
개인 특성	과학수업에서 학생이 나타내는 개인적 특성 및 선호도	4
총 문항 수		41

EPIC을 사용한 연구들(김의주, 2015; 박지선, 산야 마틴, 주혜은, 2015; Martin, Chu, Ahn, & Park, 2015)에 따르면 한국 과학교실에서는 교실침묵 현상과 관련하여 특징적인 경향이 나타난다. 김의주(2015)는 EPIC과 비디오 분석의 활용을 통해, 수업 참여에 있어 학생들이 스스로에 대해 갖는 인식과 실제로 관찰되는 양상에 괴리가 있다는 것을 밝혀내었다. 그는 먼저 EPIC을 사용하여 학생들 스스로가 어떤 방식으로 참여하는지를 나타내도록 하였다. 그 후 과학수업을 촬영한 비디오를 분석함으로써 학생들이 실제로 어떤 방식으로 참여하는지를 포착하였다. 그 결과 학생들은 실제 관찰에서 나타난 것보다 스스로를 더 참여적이라고 인식하고 있었으며, 비언어적으로 참여하는 것을 선호한다고 대답하였다. 비디오를 분석한 결과 언어적 참여(질문하기, 다른 학생들과 토론하기, 발표하기 등)보다는 비언어적 참여(필기하기, 손들기, 교사의 지시에 따라 책장 넘기

그림 5.1 학생의 비언어적 참여의 예시(김의주, 2015)

기 등)가 수업 내에 빈번하게 발생하고 있다는 것이 확인되었다. 김의주는 수업 촬영 비디오와 학생들과의 면담을 통해, 한국 교실에서 나타나는 새로운 형태의 교실침묵 현상에 주목하였다. <그림 5.1>은 김의주(2015)가 제시한 비언어적 참여의 예시이다. 교사의 질문에 학생들이 고개를 들고 반응하는 모습을 통해, 학생들이 교실 내 담화에 집중하고 있음을 보여주고 있다. 즉, 학생들은 침묵하고 있는 것처럼 보이지만 여전히 비언어적 참여를 통해 학습하고 있는 것이다.

김의주(2015)와 Martin과 그의 동료들(2015)은 이러한 현상이 참여에 대한 교사와 학생의 인식 차이에 기인한다고 분석하였다. 이들의 연구에 따르면, EPIC 설문에 참여한 학생들의 약 삼분의 일은 수업시간에 발화를 하지 않았음에도 스스로를 참여적이라고 인식했다. 담화를 통한 상호작용을 참여의 척도로 삼았던 기존 연구들과 달리, 학생들은 교사의 수업을 열심히 들을 때에 열심히 참여하는 것이라고 생각한 것이다(<표 5.2>). 또한 학생들은 수업 도중에 질문을 하는 것이 수업의 맥을 끊는 것이라고 생각하여 질문하기를 주저하였다.

박지선 등(2015)은 EPIC과 관찰, 면담을 이용하여, 혁신학교 과학수업에서 나타나는 학생과 교사의 구조-행위성을 연구하였다. 그에 따르면, 대다수 학생들은 과학수업을 긍정적으로 생각하고 있으며, 교사가 수업에서 사용하는 교수 방법들이 과학을 배우는 데 도움이 된다고 인식하고 있었다. 특히 학업 성적이 높은 학생들일수록 참여에 대해 긍정적으로 인식하고 있다고 보고되었다. 박지선 등은 학생들이 스스로에 대해 갖는 인식과 과학수업에 대해 갖는 인식, 그리고 실제 교사의 수업 방식 등을 토대로 하여, 과학수업 내에서 학생과 교사의 상호작용을 결정하고 또 그에 영향을 받는 구조들을 소규모, 중규모, 대규모 수준에

표 5.2 학생들이 생각하는 참여의 형태 (김의주, 2015)

연구자: 어떨 때에 과학수업에 열심히 참여한다고 생각하나요?
학생 1: 자지 않고, 열심히 하고, 계속 수업을 듣는 거요.

연구자: 스스로가 과학수업에 열심히 참여한다고 생각하나요?
학생 2: 저는 일단 열심히 듣는 것 같아요.
연구자: 수업을 열심히 듣는 것이 열심히 참여하는 것인가요?
학생 2: 잘 모르겠어요.
연구자: 왜 그렇게 생각했는지 궁금해요.
학생 2: 열심히 듣는 게 수업에 참여하는 것이라고 생각했어요.

서 분석하였다. 그 결과 혁신학교의 구조는 다양한 상호작용 방식을 통하여 학생 중심 학습을 지원하고 있었으나, 다양한 차원의 구조들 사이에는 불일치가 존재하는 것으로 드러났다. 박지선 등은 혁신학교에서 학생에게 기대하는 실천과 한국 사회에서 학생에게 기대하는 실천에는 괴리가 있음을 밝혀냈다. 따라서 학생에게 기대되는 학습 문화가 기존의 규범과 다르다면, 교실 내에서 학생들의 실천이 자연스럽게 이루어질 수 있도록 대대적 지원이 있어야 한다고 주장하였다. 또한 정책적 지원 등 대규모 수준의 변화가 장기적으로 지속되어야 실질적이고 지속 가능한 혁신이 일어날 수 있다고 역설하였다.

5.3.2 과학수업 내 참여에 대한 설문(EPIC-S)

EPIC을 사용한 연구들은, 학생들이 과학수업에서 침묵하기는 하지만 비언어적인 방식으로 여전히 적극적인 참여를 하고 있음을 보여주었다. 저자가 속한 연구진은 동아시아 문화권 교실의 구성원들을 둘러싼 사회문화적 요인들이 이와 같은 결과로 이어졌을 것이라 분석하고, 이를 규명하기 위한 새로운 설문도구를 개발하고자 하였다. 이에 대만과 호주의 과학교육 연구자들과의 협업을 통해 연구대상을 동아시아 문화권 전반의 과학교실로 확장하고, 기존 EPIC을 수정하여 EPIC-S를 개발하였다(Ahn et al.,2016). EPIC-S를 통해 학생들의 과학 학습 및 수업 참여에 대한 선호도와 과학 학습환경에 대한 인식을 조사할 수 있었고, 그것이 학생들의 수업 참여 전략에 어떤 영향을 끼치는지를 규명할 수 있었다(『부록 5-1』 참조). 또한 교사와 학생이 과학수업에서 수행하는 역할과, 그들 각자가 가진 과학교육 목적에 대한 신념을 측정할 수 있었다. EPIC-S는 4점 리커트 척도를 사용하고 있으며, 총 16개의 하위 영역, 79개의 문항으로 구성되어 있다. EPIC-S의 세부구성은 <표 5.3>에 나타나 있다. EPIC-S는 기존의 EPIC과 개발 의도는 같지만 그보다는 과학수업에 특화되었으며, 사교육 등 동아시아 문화권 국가에서 나타나는 사회현상을 조금 더 반영하고 있다.

표 5.3 EPIC-S의 세부 구성(Ahn et al., 2016; Chien et al., 2018)

영역	항목 세부사항	문항 수
• 개인적 정보 및 특성		32
기본정보	인적 정보 및 학습 선호도	17
자리 배치 선호	학생들이 선호하는 교실 배치	10
사교육(CS)	사교육과 관련된 경험 및 인식	5
• 참여에 대한 기대		14
바람직한 참여(SEV & SENV)	바람직한 학생의 참여에 대한 인식	7
교사가 생각하는 바람직한 참여(TEV & TENV)	학생이 생각하는 '바람직한 학생의 참여에 대한 교사의 인식'	7
• 선호하는 참여 형태		7
언어적 참여(VP)	언어적 참여에 대한 선호도	4
비언어적 참여(NVP)	비언어적 참여에 대한 선호도	3
• 학습환경		26
교우 관계(PS)	학습에 있어 다른 학생들과의 관계	5
과학에 대한 흥미(I)	과학에 대한 흥미	5
참여에 대한 두려움(FE)	참여를 저해하는 감정적 요인	3
겸양적 태도(SE)	참여를 저해하는 관계적 요인	4
교사의 개방적 태도(TO)	참여에 영향을 미치는 교사의 태도	3
교사와의 관계(RT)	참여에 영향을 미치는 교사와의 관계	3
다른 학생들에 대한 고려(CP)	학습 공동체에 대한 고려	3
총 문항 수		79

예를 들어 "나는 학교 선생님들의 수업 방식보다 학원(과외) 선생님들의 수업 방식을 더 좋아한다(CS3)." "나는 학교보다 학원(과외) 수업 시간에 더 능동적으로 참여한다(CS5)." 같은 질문들은 공교육 및 사교육 참여에 대한 학생들의 생각을 알아보기 위해 추가된 문항들이다. 또한 EPIC-S의 개발 과정에서, 학생들이 참여를 주저하는 원인 및 교실 구성원들과의 사회적 관계에 관한 항목들을 추가하는 등, 동아시아 문화권이 보여주는 집단주의적 특성을 고려하였다. 예를 들어, "나는 내 대답에 자신이 없으면 조용히 있는 게 가장 좋다고 생각한다(SE1)." "나는 내가 수업시간에 질문을 많이 하면 선생님께 잘 보이려 한다고 생각될까봐 걱정된다(RT1)." 혹은 "만약 내가 수업시간에 어떤 주제에 대해 토론하고 싶으면 반 친구들 역시 관심이 있는 것이어야 한다고 생각한다(CP2)." 같은 문항들이 이를 위해 추가된 항목들이다.

뿐만 아니라 학생들이 과학수업에서 보이는 참여 방식에 대한 이해를 증진하기 위하여 EPIC-S와 더불어 상호작용불안 척도(Social Interaction Anxiety Scale; SIAS)가 보조적으로 사용되었다(Jen, Chien, Martin, Chu, & Chang, 2017 참조). SIAS는 Mattick과 Clarke(1989)에 의하여 개발된 척도로, 다양한 상황의 사회적 상호작용에서 불안을 느끼는 수준을 측정하는 도구이다. 학생이 학습공동체에 대하여 갖는 인식과, 공동체 내의 사회관계에서 느끼는 불안 정도가 학생의 참여에 어떠한 영향을 미치는지 탐색하기 위하여 추가되었다. 한국의 자료 수집을 위해서는 김향숙(2001)이 번안한 한국판 SIAS가 사용되었다.

(1) EPIC-S 각 영역 설명 및 신뢰도 분석 결과

개발한 EPIC-S 설문 도구에 대해서는 SPSS를 이용하여 타당도와 신뢰도를 검증하였다. 각 문항에 대한 탐색적 요인 분석(explanatory factor analysis)을 위해 대만에서 수집된 설문 결과를 바탕으로 프로맥스 회전(Promax rotation) 방법($\kappa = 4$)과 주축요인분해법(principal axis factoring method)을 실시하였다. 요인분석은 11학년 150명, 12학년 262명 총 412명의 설문 응답을 가지고 수행하였다. 그 결과 고유값이 1보다 큰 11개의 영역이 추출되었으며, 회전 전 분산은 71%였다. 신뢰도 검증을 위해서는 Chronbach's α 계수를 산출하였다. 각 영역에 대한 자세한 설명 및 신뢰도 결과는 다음과 같다(Chien et al., 2018).

먼저 연구자들은 학생들의 '개인적 정보 및 특성'을 알아보기 위해 기본정보와 자리 배치 선호, 사교육(CS)에 관한 세부 영역들을 조사하였다. 우선 기본정보로서, 학생들의 성별 및 학교 특성, 사회경제적 지위, 진로 계획, 과학 학습방식 등을 물었다. 자리 배치 선호 영역에서는 먼저 학급 배치도를 제시한 후, 학생들이 현재 앉아 있는 자리와 그들이 선호하거나 선호하지 않는 자리, 과학 학습에 도움이 된다고 생각하는 자리 등을 고르고 이유를 기술하게 하였다. 마지막으로 사교육을 받는 학생들에 한해, 학교에서의 참여에 학원 및 과외가 미치는 영향 등을 조사하였다. 사교육(CS) 항목에 대해서는 205명의 응답에 대한 신뢰도 분석을 진행하였다.

표 5.4 EPIC-S '개인적 정보 및 특성' 영역의 신뢰도 결과 및 문항 예시

세부 영역	문항 수	Chronbach's α	문항 예시
기본정보	17	-	과학을 학습하는 데에 가장 선호하는 방법은 어떤 것인가요?
자리 배치 선호	10	-	(학급 배치도 제시 후) 어떤 자리에 가장 앉고 싶은가요?
사교육(CS)	5	.93	나는 학교보다 학원(과외) 수업 시간에 더 능동적으로 참여한다.

이어서, '참여에 대한 기대' 영역에서는 바람직한 학생이 수업에서 보여야 할 참여 형태에 대한 인식을 세부적으로 조사하였다. 먼저, 학생이 수업에서 보여야 할 '바람직한 언어적 참여가 어떤 것인지에 대한 기대(SEV)'와 '바람직한 비언어적 참여가 어떤 것인지에 대한 기대(SENV)'를 조사하였다. 또한 같은 내용에 대해 과학교사가 어떻게 생각하고 있을지를 학생들로 추측하게 하여, '교사가 생각하는 바람직한 언어적 참여(TEV)'와 '교사가 생각하는 바람직한 비언어적 참여(TENV)' 영역을 구성하였다.

표 5.5 EPIC-S '참여에 대한 기대' 영역의 신뢰도 결과 및 문항 예시

세부 영역	문항 수	Chronbach's α	문항 예시
바람직한 참여 (SEV & SENV)	7	.88	(SEV) 바람직한 학생은 수업시간에 자신의 의견을 잘 이야기해야 한다.
			(SENV) 바람직한 학생은 수업 동안 열심히 필기를 해야 한다고 생각한다.
교사가 생각하는 바람직한 참여 (TEV & TENV)	7	.95	(TEV) 우리 선생님은 바람직한 학생은 수업시간에 질문이 있으면 언제라도 자발적으로 질문해야 한다고 생각하는 것 같다.
			(TENV) 우리 선생님은 바람직한 학생은 항상 수업을 집중해서 들어야 한다고 생각하는 것 같다.

'선호하는 참여 형태' 영역에서는 학생들이 보이는 언어적 참여에 대한 선호도(VP)와 비언어적 참여에 대한 선호도(NVP)를 조사하였다.

표 5.6 EPIC-S '선호하는 참여 형태' 영역의 신뢰도 결과 및 문항 예시

세부 영역	문항 수	Chronbach's α	문항 예시
언어적 참여(VP)	4	.91	나는 과학시간에 의견이 있으면 소리 내어 말할 것이다.
비언어적 참여(NVP)	3	.83	나는 과학시간에 대부분 집중해서 듣는다.

마지막으로 '학습환경' 영역에서는 학생들의 참여 양식에 영향을 주는 다양한 요소들을 조사하였다. 여기에는 교실 내 참여에 대해 다른 교우들이 도움을 주는지에 대한 인식(PS)과 학생 스스로가 과학 학습에 흥미를 보이는 정도(I), 참여를 할 경우 다른 학생들이 보이는 부정적 반응에 대한 두려움(FE)과 주목받기 원하지 않는 겸양적 태도(SE), 그리고 교사가 참여를 독려하는 정도(TO)와 교사와의 관계에 대한 학생의 우려(RT), 또한 같이 수업을 듣는 교우들에 대한 고려 정도(CP) 등이 포함되었다.

표 5.7 EPIC-S '학습환경' 영역의 신뢰도 결과 및 문항 예시

세부 영역	문항 수	Chronbach's α	문항 예시
교우 관계(PS)	5	.87	나는 잘 모르는 것이 있으면 친구들에게 자유롭게 물어볼 수 있다.
과학에 대한 흥미(I)	5	.81	나는 과학 활동에 참여하는 것을 좋아한다.
참여에 대한 두려움(FE)	3	.92	나는 내 대답이 대부분의 반 친구들의 대답과 다르면 민망할까봐 두렵다.
겸양적 태도(SE)	4	.67	나는 수업시간에 의견을 빈번하게 표현하면 잘난척한다고 생각될까봐 두렵다.
교사의 개방적 태도(TO)	3	.86	과학 선생님은 학생들이 다른 의견을 표현하도록 격려한다.
교사와의 관계(RT)	3	.69	나는 내가 수업시간에 질문을 많이 하면 선생님의 권위를 해칠까봐 걱정된다.
다른 학생들에 대한 고려(CP)	3	.81	내 질문이 반 친구들의 학습에 도움이 되는지 확신이 없다면 질문하지 않는 것이 낫다.

EPIC-S의 설문 응답에 따라, 연구자들은 학생들이 가진 언어적 참여(질문 혹은 질문에 대한 대답 등)와 비언어적 참여(주의 깊게 듣기, 생각하기, 이해하기, 필기하기 등)에 대한 선호를 구분할 수 있었다. 또한 이를 통해, 과학 시간에 침묵하는 학생들 역시 비언어적 참여로써 학습하는 과학 학습자라는 사실을 알 수 있었다. 뿐만 아니라, 학생들이 선호하는 참여 방식과 학습환경에 대한 인식을 분석함으로써, 학습환경의 사회적 측면이 학생들의 학습 전략에 영향을 미칠 수 있음을 확인하였다. 예를 들어, 과학에 대한 강한 흥미(I)를 가지고 있는 학생이라도, 학생 자신이 생각하는 바람직한 참여(SEV & SENV) 혹은 교사가 선호한다고 생각되는 바람직한 참여(TEV & TENV)에 대해 언어적으로는 참여하지 않을 수도 있다는 것이다. 또한 EPIC-S는 참여에 대한 두려움(FE)이나 겸양적 태도(SE) 같은 학생 개인의 특성, 혹은 교사에 대한 인식(TO, RT)이나 다른 학생들과의 관계(PS, CP) 등도 그들의 참여 방식에 영향을 끼친다는 사실을 밝혀내었다.

5.3.3 EPIC과 EPIC-S를 사용한 연구결과

현재 한국을 비롯하여 대만, 인도네시아, 태국 등 아시아 문화권에 속한 다양한 국가에서 EPIC-S를 사용한 연구가 진행되고 있다. 그 중 동아시아 문화권에 속하며 EPIC-S의 개발을 주도하였던 대만에서의 연구결과를 한국의 연구결과와 간략히 비교하여 소개하고자 한다(Ahn et al., 2016; Chien et al., 2016). 다만, 대만에서 사용한 자료는 EPIC-S인 반면 한국에서 사용한 자료는 EPIC임을 미리 밝혀둔다. 이 둘을 통해 수집한 결과를 항목별 비교를 통해 분석한 것이다. 한국에서의 EPIC-S 자료 수집은 아직 진행 중이다.

비슷한 문화적 배경을 공유하고 있음에도 불구하고, 두 나라의 학생들은 과학 수업참여에 있어 서로 다른 모습을 나타냈다. 먼저 참여 형태에 따른 선호에 있어, 한국 학생들은 대만 학생들에 비해 언어적 참여를 덜 선호하는 것으로 나타났다. 한국 학생들은 또한 다른 학생들과의 소통을 덜 중요시했으며, 조별 토론에 대한 선호도도 낮았다. 학업 성취도와 수업 참여 방식의 상관관계에 있어서도 두 나라는 큰 차이를 보였다. 한국에서는 중간 정도의 성취를 보이는 학생들이 높은 혹은 낮은 성취를 보이는 학생들에 비해 언어적인 참여 선호가 뚜렷하였으나, 대만의 경우에는 참여 방식의 선호도가 학업 성취의 큰 변인이 아니었다. 마지막으로, 한국과 대만의 연구결과는 학생들의 성별에 있어서도 다른 결과를 나타냈다. 한국에서 수행된 연구결과에 따르면, 여학생들은 과학수업에서 사용되는 교수 방법들에 대해 전반적으로 매우 긍정적이었다. 여학생들은 남학생들보다 토론 및 실험 수업, 다른 학생들의 발표를 듣는 것 등에 대해 긍정적으로 응답하였다. 그러나 대만에서는 이와 같은 성별의 차이가 뚜렷이 나타나지 않았다(Ahn, et al., 2016; Chien et al., 2016).

이처럼 한국과 대만은 같은 문화권에 속해 있음에도 학생들의 과학 수업참여에 있어 여러 가지 차이를 드러냈다. 이와 같은 결과는 동아시아 문화권에서 나타나는 교실침묵 현상을 단편적 혹은 획일적으로 이해하기보다는, 현상이 발생하는 각 국가의 사회문화적 맥락에 따라 이해해야 한다는 사실을 보여준다. 같은 집단에 속한 학생들일지라도 개개인에 따라 학습 특성이 다양하다는 점에 비추어볼 때, 이 절에서 소개한 연구결과가 한국인의 행동 방식 혹은 대만인의 행동 방식을 대변한다고 단언할 수는 없다. 따라서 동아시아 문화권에서 나타나는 교실침묵 현상과 참여 방식에 대한 이러한 논의는 더 다양하고 더 많은 자료의 수집을 통해 이어나가야 한다. 그러기 위해서는 이 절에서 소개한 EPIC-S와 같이 해당 문화권 내부의 연구자들이 주도하는 설문 도구들을 지속적으로 개발해야 할 것이며, 그런 것들을 통하여 심도 있는 통찰을 더욱 이끌어내야 할 것이다. 또한 양적 연구 자료를 뒷받침할 수 있도록 면담, 비디오 분석 등 다양한 질적 연구 자료를 수집하고 활용하는 작업도 필요하다.

지금까지 논의한 바와 같이, 저자들이 속한 연구진은 EPIC과 EPIC-S의 개발을 통해 한국의 과학교실에서 발생하는 참여의 양상을 탐구하고자 하였다. 특히 설문 도구를 개발하고 이를 이용하여 연구를 수행함으로써, 각 사회적 맥락과 문화가 언어적 및 비언어적 형성에 어떠한 영향을 미치는지를 이해하고자 하였다. 오늘날 행해지고 있는 다양한 교수 전략들은 수업시간 내 학생 간 담화와 학생-교사 간 상호작용을 증진하는 것을 목적으로 한다. 이를 위해 소그룹 혹은 교실 전체의 상호작용에서 학생의 발화의 양을 점점 늘리게 하였다. 자연스럽게 교실침묵 현상은 부정적인 것, 즉 타파해야 할 것으로 간주되어 왔다. 담화를 지나치게 강조한 선행연구들은 침묵 현상을 부정적으로 인식하게 만들었으며, 비언어적 참여에 대해서는 고려조차 하지 않으려 했다. 이러한 현상은 서구의 교육환경에서 두드러지게 드러났다. 인종·민족·언어적으로 소수 그룹 출신의 학생들은 수업시간에 “올바른 형태”의 발화를 하지 못하는 것으로 여겨졌으며, 그런 점에서 부족한 아이들로 인식되었다(Jones, 1999). 특히 과학교육 분야에서 담화를 이용한 교수 전략들이 사용되면서, 발화를 하지 않는 학생들을 문화적인 측면에서 또는 학업 성취 측면에서 부족하다고 분류하는 의도치 않은 결과를 야기하였다.

그러나 이 장에서는 교실침묵 현상에 대해 대안적 관점을 제공하고 비언어적 참여를 조명함으로써, 담화를 중시하는 여타의 연구들과 차별을 두고자 하였다. 이 장에서는 침묵을 학생들이 수행하는 하나의 실천이라고 봄으로써, 동아시아 문화권의 학생들이 선천적으로 조용하며 내성적이라는 편견을 타파하고자 하였다. 또한 문화권 내의 연구자들이 설문 도구를 직접 개발하여 과학교실 내 참여 양상과 그에 영향을 주는 요소들을 측정함으로써, 독자적인 연구 체계 및 연구 관점을 형성하고자 하였다.

5.4 동아시아 과학교실에 관한 독자적 연구의 필요성

최근 국내외 과학교육 연구 동향을 살펴보면, 교실 내 담화를 중시하는 연구들이 활발하게 진행되고 있음을 알 수 있다. 교실 내 소집단에서 발생하는 논변활동(argumentation)에 대한 연구(Simon, Erduran, & Osborne, 2006; 이신영, 박소현, 김희백, 2016) 혹은 과학적 모형의 구성에 관한 연구(Clement, 2000; 유희원 등, 2012) 등 학생 간 상호작용을 통해 과학 학습을 분석하고자 하는 연구들이 다양하게 이루어지고 있다. 그러나 이러한 연구 동향에도 불구하고, 한국 및 동아시아 문화권 국가의 학생들은 과학수업에서 매우 낮은 참여율을 보이고 있다. 이와 같은 현상에 대한 새로운 시각을 제안하기 위하여, 이 장에서는 한국 및 동아시아 문화권 국가들을 중심으로 침묵과 비언어적 참여에 대해 서술하였다. 또한 구조 | 행위성 이론을 이론적 틀로 하여 개발된 과학수업 내 참여에 대한 설문 도구들을 소개하고, 이것들을 사용하여 수행된 연구결과를 간략히 제시하였다.

이 장에서는 앞에서 논의한 바와 같이, 교실침묵 현상에 대해 기존의 연구들과는 다른 관점으로 접근하고자 하였다. 학생이 언어적으로 참여하는 것을 우위에 두는 연구들은 교실침묵 현상을 부정적인 것으로 간주하고, 학생들을 변화시키려는 입장을 취하였다. 학생이 발화하고 적극적으로 참여하는 것을 권장하는 과학교실의 장이라면, 교사들은 학생들에게 이러한 구조에 적합한 실천을 기대한다. 그러나 이 장에서 나타난 바와 같이, 침묵하며 비언어적으로 참여하기를 선호하는 학생들은 발화가 기대되는 교실 구조에 부합하지 않으며, 참여라는 목표에 미달하게 된다. 이러한 학생들은 비언어적 참여의 실천을 통해 학습을 수행하고 목표를 달성하기 때문에, 현재의 교실 구조에서는 행위성을 제한받을 수밖에 없다. 교사가 이러한 학생들의 행위성을 확보하려면 교실의 구조를 바꿀 수 있어야 한다. 그러려면 먼저 교사 스스로가 참여의 적절한 형태(언어적 참여,

비언어적 참여, 혹은 두 가지가 혼합된 형태의 참여)에 대해 인식전환을 할 필요가 있다.

이 장에서는 한국 및 동아시아 문화권 학생들이 본성적으로 조용한 것이 아니라, 교실 내 구조에 적합한 실천 중 하나인 전략적 침묵을 수행하고 있다고 해석하였다. 물론 모든 침묵 현상이 비언어적 참여의 일종이거나 긍정적인 것은 아니지만, 저자들이 속한 연구진에서는 동아시아 문화권에서 발생하는 침묵을 이해하고 또 그것에 접목할 수 있는 방안을 모색하는 것에 중점을 두고자 하였다.

동아시아의 불균형 현상과 같이 특정 문화권에서 발생하는 현상의 경우에는, 그 문화권에 대한 깊은 통찰을 지닌 연구자의 역할이 매우 중요하다. 연구자는 한국, 일본, 중국, 대만, 싱가포르 등 동아시아 문화권 국가들이 공유하는 문화적 특성을 이해하면서도, 각각의 국가가 개별적으로 발전시켜온 특성들을 포착할 수 있어야 한다. 문화를 피상적으로만 이해하여 그것을 복합적인 사회현상에 대입한다면, 문화권 전체에 대해 잘못된 관념을 형성할 수 있다는 것을 염두에 두어야 할 것이다. 아쉬운 것은, 이 장에서 다루고 있는 비언어적 참여에 대해서는 국내에서 이루어진 연구가 극히 드물다는 것이다. 때문에, 이 장에서 소개된 설문 도구와 연구들은 비언어적 참여를 선호하는 학생들에 대한 인식을 전환하는 데 모종의 기여를 할 수 있을 것이다. 또한 침묵을 부정적인 것으로 인식하거나 혹은 저항의 일종이라고 인식(Schultz, 2009)하는 서구적인 시각과는 또 다른, 지역 고유의 맥락을 형성할 수 있을 것이다. 이 장에서는 언어적 참여를 중시하는 구조를 바꿔야 한다고 주장하기 보다는, 교실 안에서 일어나는 과학 학습 활동에서 학생들이 만족감을 얻을 수 있도록 여러 가지 방안을 모색해야 한다고 이야기하였다. 이를 위해서는, 학생들의 침묵을 무조건 장려하기보다 비언어적 참여를 선호하는 학생들까지도 학습에 참여하고 주도할 수 있는 구조를 형성해야 한다. 예를 들어, 실험 및 탐구 활동이나 게임화(gamification) 같은 교수 전략은 학생들의 발화를 장려하는 데에는 도움이 되지 않을지 모르지만, 학생들이 과학 학습에 참여하고 학습 동기를 얻는 데에는 충분한 기능을 할 수 있다. 즉, 언어적이든 비언어적이든 학생들이 과학 학습 활동에 동참할 수 있게 한다는 것이다.

학생들이 나타내는 교실 내 참여와 침묵 현상을 탐구하기 위해서는 다양한 연구방법을 채택할 필요가 있다. 이 장에서 논의한 바와 같이, 동아시아 문화권에서 나타나는 교실침묵 현상에는 사회문화적 요인들이 밀접하게 결부되어 있다. 따라서 심도 있는 이해를 위해서는 양적 자료와 질적 자료의 수집이 함께 이루어져야 한다. 연구자들은 설문을 통해 양적 자료를 수집하고, 그것들을 면담, 영상 등의 질적 자료와 비교함으로써, 학생이 인식하고 있는 스스로의 참여 양식과 실제 나타내는 실천을 비교해 볼 수 있을 것이다.

학생들의 과학 수업참여를 촬영하고 영상 분석을 진행할 경우에는, 학생들이 나타내 보이는 언어적 상호작용과 비언어적 상호작용을 모두 분석해야 한다. 교육학계에서 널리 사용되고 있는 CLES(Constructivist Learning Environment Survey), FIAC(Flanders Interaction Analysis Categories) 같은 설문 도구들은 학생들이 침묵을 유지하는 상태를 수업에 참여하지 않는 것으로 가정한다. 그러나 4절에서 제시한 연구결과에 나타난 바와 같이, 학생들이 비언어적 참여를 수행하고 있다면 학생들의 몸짓을 더욱 잘 포착할 수 있는 도구가 필요할 것이다. 최근 최준영과 나지연, 송진웅(2015)은 과학수업에서 나타나는 학생들의 행동적 참여 분석을 위하여 영상 분석 도구 VABAP(Video Analysis of Behavior And Participation in classroom)를 개발한 바 있다. 이 도구는 언어적 실행뿐만 아니라 학생들의 행동에서 드러나는 비언어적 실행을 모두 분석할 수 있다는 점에서 기존 도구들과 두드러진 차이를 보인다. 이와 같은 영상 분석 도구를 EPIC 혹은 EPIC-S 설문과 접목한다면, 학생들이 실제로 나타내 보이는 참여 양식을 더욱 효과적으로 이해할 수 있을 것이다.

만일 학생들이 주도적으로 연구에 참여한다면, 현상에 대한 이해는 더욱 깊어질 수 있다. 학생들은 EPIC과 EPIC-S 같은 자기보고검사에 응답하면서 스스로 참여 양식을 점검하고, 또 질적 자료의 검토를 통해 본인의 행동에 영향을 미치는 요인들이 무엇인지 파악할 수 있을 것이다. 학생들이 연구의 주체로 참여할 경우, 학생들이 참여한 과학수업 영상을 면담 때에 보여주면서 그들의 행동을 스스로 설명하게 하는 것이 효과적일 것이다. 연구자들이 알지 못하는 교실 내의 규칙 혹은 구조들을 학생들이 스스로 표현하고 해석하는 가운데 내부자 관점의 연구까지 이루어질 수 있기 때문이다.

이 장을 마치면서, 과학교육 연구자들이 교실침묵과 참여에 관하여 어떤 연구를 해야 한국과 동아시아 문화권 학생들의 미래에 도움을 줄 수 있을지를 생각해보기 바란다. 앞에서 언급한 바와 같이, 동아시아 문화권 학생들은 과학 학습에 있어 학업 성취는 높지만 관심과 흥미는 떨어지는 것으로 알려져 있다. 앞으로의 과학교육이 나아가야 할 바는 학생들로 하여금 과학 학습에 대해 긍정적인 태도를 함양하게 하고 자신들의 능력에 자신감을 갖게 하는 것이다. 더 나아가 과학 관련 진로를 긍정적으로 고려할 수 있도록 내적 동기를 심어주는 것도 필요하다. 이를 위해서는 언어적 참여와 비언어적 참여의 개념을 인식하고, 교실 구조에 대한 이해를 학생들과 공유하며 또 합의할 수 있어야 한다. 또한 동아시아 문화권 고유의 사회문화적 맥락에 적합한 도구를 개발하는 동시에, 연구결과를 충분히 이해할 수 있도록 지역적 연구가 이루어져야 할 것이다. 다양한 나라와의 공동 연구팀을 결성하고, 비교문화연구를 통해 동아시아 문화권 과학교육에 있어 독자성과 다양성을 확보할 수 있어야 함도 물론이다.

부록 5.1

과학수업 내 참여에 대한 설문

이 설문지는 과학수업시간에 여러분의 경험에 대한 생각을 알아보기 위한 것입니다.

- 아래의 각 문장이 과학수업 시간에 여러분의 경험을 얼마나 잘 나타내는지 생각해보십시오. 또, 과학수업을 하는 동안 선생님께 얼마나 자주 질문을 드리는지 생각해보십시오.
- '옳은' 답이나 '틀린' 답은 없습니다. 여러분의 생각을 솔직하게 대답해 주십시오.
- 각 문항에 대해 **하나의 답**만 선택하시기 바랍니다

다음은 문항에 대한 예시입니다.

	전혀 그렇지 않다	그렇지 않다	그렇다	매우 그렇다
나는 선생님께 질문을 한다.				○

과학수업을 하는 동안 선생님께 얼마나 자주 질문을 드리는지 생각해보십시오.
그리고 여러분의 생각과 가장 일치하는 칸에 ○ 표시를 하십시오.

매우 빈번하게 질문을 하는 경우, '매우 그렇다'에 ○ 표시를 하십시오.

만약, 여러분의 응답을 바꾸고 싶다면, 처음 ○표를 한 곳에 ×를 하고 나서, 다른 번호에 새로 ○표를 하십시오.

	전혀 그렇지 않다	그렇지 않다	그렇다	매우 그렇다
나는 선생님께 질문을 한다.				⊗

- 다음은 설문조사 통계를 위한 기본적인 정보입니다.
(설문조사 외에는 다른 용도로 사용하지 않습니다.)

__________학교 __________학년 _____반

_____________ 과목명

1. 성별 □ 여자 □ 남자
2. 학교급 □ 대학 이상 □ 고등학교 □ 중학교 □ 초등학교
3. 학교구분 □ 사립 □ 공립
4. 학교구분 □ 남학교 □ 여학교 □ 남녀공학
5. 나의 과학 성적은? □ 낮음 □ 중간 □ 높음
6. 나의 부모님의 직업은?
(가정주부, 요리사, 변호사 등과 같이 직업의 이름을 쓰시오.)
엄마: __________ 아빠: __________
7. 어떤 전공계열을 선택했나요? (또는 앞으로 선택할 것인가요?)
□ 문과 □ 이과 □ 실업계 □ 미정
8. 미래에 과학과 관련된 직업을 가지고 싶은가요? □ 예 □ 아니오 □ 모름
9. 방과 후 보통 일주일에 몇 시간 정도 과학 공부를 하나요? ______시간
10. 보통 일주일에 몇 번 정도 학원을 가나요? ______일
11. 보통 일주일에 몇 번 정도 과외를 받나요? ______일
12. 학교에서 과학수업을 듣는 가장 중요한 목적이 "시험을 준비하는 것"인가요?
□ 예 □ 아니오
13. 내가 가장 많은 과학 지식을 습득하는 곳은 어딘가요? 주로 어디서 과학지식을 습득하나요?
□ 학교 □ 학원/과외 선생님 □ 부모님
□ 자습 □ 기타:
14. 과학을 학습하는 데에 가장 효과적인 방법은 어떤 것인가요?
□ 선생님 강의 □ 학원/과외 선생님 □ 학생 발표 □ 그룹 토의
□ 실험 □ 자습 □ 기타:

15. 시험을 준비하는 데에 가장 효과적인 방법은 어떤 것인가요?

☐ 선생님 강의 ☐ 학원/과외 선생님 ☐ 학생 발표 ☐ 그룹 토의
☐ 실험 ☐ 자습 ☐ 기타:

16. 과학을 학습하는 데에 가장 선호하는 방법은 어떤 것인가요?

☐ 선생님 강의 ☐ 학원/과외 선생님 ☐ 학생 발표 ☐ 그룹 토의
☐ 실험 ☐ 자습 ☐ 기타:

[17~26] 아래의 학교에서의 학급 배치도를 보고 17번부터 26번까지의 문항에 답하세요.

5	6	5
3	4	3
1	2	1

교탁

17. 과학수업에서, 자신의 자리를 직접 선택했나요? ☐ 예 ☐ 아니오

18. 현재 내 자리는 어딘가요? (숫자로 대답하세요) ____________

19. 어떤 자리에 가장 앉고 싶은가요? (숫자로 대답하세요) ____________

20. 그 이유는? ____

21. 가장 피하고 싶은 자리는 어디인가요? (숫자로 대답하세요) ____________

22. 그 이유는? ____

23. 공부에 가장 도움이 되는 자리는 어디라고 생각하나요? (숫자로 대답하세요)
____

24. 그 이유는? ____

25. 공부에 가장 도움이 되지 않는 자리는 어디라고 생각하나요? (숫자로 대답하세요)

26. 그 이유는? ____

27. 과학 학습을 위해 학원을 다니거나 과외를 받나요?

□ 예 □ 아니오

(만약, 과학 학원을 다니지 않거나, 과학 과외를 하고 있지 않다면 다음 질문을 건너뛰세요.)

여러분의 생각과 가장 일치하는 칸에 ○ 표시를 하십시오.		전혀 그렇지 않다	그렇지 않다	그렇다	매우 그렇다
28. CS1	학원 수업(과외)은 학교 수업보다 내게 더 도움이 된다.				
29. CS2.	나는 학교 수업에서보다 학원(과외)에서 더 열심히 공부한다.				
30. CS3.	나는 학교 선생님들의 수업 방식보다 학원(과외) 선생님들의 수업 방식을 더 좋아한다.				
31. CS4.	나는 학교 선생님들이 학생들과 상호작용 하는 방식보다 학원(과외) 선생님들이 학생들과 상호작용 하는 방식이 더 흥미롭다.				
32. CS5.	나는 학교보다 학원(과외) 수업 시간에 더 능동적으로 참여한다.				

• 다음은 과학수업에 대한 여러분의 생각을 알아보기 위한 질문입니다. 성실히 답해주세요. [SENV1~PS5]

여러분의 생각과 가장 일치하는 칸에 ○ 표시를 하십시오.		전혀 그렇지 않다	그렇지 않다	그렇다	매우 그렇다
33. SENV1	바람직한 학생은 항상 수업을 집중해서 들어야 한다고 생각한다.				
34. SENV2	바람직한 학생은 가르치는 내용을 이해하는 데에 항상 최선을 다해야 한다고 생각한다.				
35. SENV3	바람직한 학생은 수업시간에 항상 스스로 생각을 잘 해내야 한다고 생각한다.				
36. SENV4	바람직한 학생은 수업동안 열심히 필기를 해야 한다고 생각한다.				
37. SEV 1	바람직한 학생은 수업시간에 자신의 의견을 잘 이야기해야 한다.				
38. SEV 2	바람직한 학생은 수업시간에 질문이 있으면 언제라도 자발적으로 질문해야 한다.				
39. SEV 3	바람직한 학생은 선생님이 질문하면 언제라도 대답해야 한다.				
40. TENV1	우리 선생님은 바람직한 학생은 항상 수업을 집중해서 들어야 한다고 생각하는거 같다.				
41. TENV2	우리 선생님은 바람직한 학생은 가르치는 내용을 이해하는 데에 항상 최선을 다해야 한다고 생각하는 것 같다.				
42. TENV3	우리 선생님은 바람직한 학생은 수업시간에 항상 스스로 생각을 잘 해내야 한다고 생각하는 것 같다.				
43. TENV4	우리 선생님은 바람직한 학생은 수업동안 열심히 필기를 해야 한다고 생각하는 것 같다.				
44. TEV1	우리 선생님은 바람직한 학생은 수업시간에 자신의 의견을 잘 이야기해야 한다고 생각하는 것 같다.				
45. TEV2	우리 선생님은 바람직한 학생은 수업시간에 질문이 있으면 언제라도 자발적으로 질문해야 한다고 생각하는 것 같다.				
46. TEV3	우리 선생님은 바람직한 학생은 선생님이 질문하면 언제라도 대답해야 한다고 생각하는 것 같다.				
47. NVP1	나는 과학시간에 대부분 집중해서 듣는다.				
48. NVP2	나는 과학시간에 가르치는 내용을 이해하기 위해 항상 최선을 다한다.				

여러분의 생각과 가장 일치하는 칸에 ○ 표시를 하십시오.		전혀 그렇지 않다	그렇지 않다	그렇다	매우 그렇다
49. NVP3	나는 과학시간에 대부분 스스로 생각을 해내려고 노력한다.				
50. NVP4	나는 과학시간에, 열심히 필기를 한다.				
51. VP1	나는 과학시간에 의견이 있으면 소리내어 말할 것이다.				
52. VP2	나는 과학 시간에 질문이 있으면 언제라도 자발적으로 질문한다.				
53. VP3	나는 과학시간에 선생님이 질문하면 언제라도 대답할 것이다.				
54. PS1	나는 잘 모르는 것이 있으면 친구들에게 자유롭게 물어볼 수 있다.				
55. PS2	나와 우리 반 친구들은 잘 모르는 것이 있으면 서로 도울 것이다.				
56. PS3	우리 반 친구들은 내 생각을 알고 싶어한다.				
57. PS4	우리 반 친구들은 서로 생각을 공유하고 싶어한다.				
58. PS5	우리 반 친구들은 서로의 생각은 존중한다.				

• 다음은 과학수업에 대한 여러분의 생각을 알아보기 위한 질문입니다. 성실히 답해주세요. [I5~CP3]

여러분의 생각과 가장 일치하는 칸에 ○ 표시를 하십시오.		전혀 그렇지 않다	그렇지 않다	그렇다	매우 그렇다
59. I1	나는 과학 공부에 흥미가 없다.				
60. I2	나는 과학에 관련된 최신 지식을 아는 것을 좋아한다.				
61. I3	나는 과학에 관련된 새 정보를 적극적으로 찾을 것이다.				
62. I4	나는 과학 활동에 참여하는 것을 좋아한다.				
63. I5	나는 과학을 배우는 것을 좋아한다.				
64. FE1	나는 내 대답이 대부분의 반 친구들의 대답과 다르면 놀림받을까 봐 두렵다.				
65. FE2	나는 내 대답이 대부분의 반 친구들의 대답과 다르면 민망할까 봐 두렵다.				
66. FE3	나는 내 대답이 대부분의 반 친구들의 대답과 다르면 바보같아 보일까 봐 두렵다.				
67. SE1	나는 내 대답에 자신이 없으면 조용히 있는 게 가장 좋다고 생각한다.				
68. SE2	나는 내가 아닌 다른 반 친구들이 소리내어 말하도록 두는 것이 예의바르다고 생각한다.				
69. SE3	나는 수업시간에 다른 사람의 의견을 반박하면 무례해 보일 것이라고 생각한다.				
70. SE4	나는 수업시간에 의견을 빈번하게 표현하면 잘난척한다고 생각될까 봐 두렵다.				
71. TO1	과학 선생님은 학생들이 다른 의견을 표현하도록 격려한다.				
72. TO2	과학 선생님은 내 의견이 선생님의 의견과 다르더라도 존중한다.				
73. TO3	과학 선생님은 멍청해 보이는 질문이더라도 학생들이 질문하는 것을 환영한다.				
74. RT1	나는 내가 수업시간에 질문을 많이 하면 선생님께 잘보이려 한다고 생각될까 봐 걱정된다.				
75. RT2	나는 내가 수업시간에 질문을 많이 하면 과학 선생님이 나를 무례하다고 생각할까 봐 걱정된다.				
76. RT3	나는 내가 수업시간에 질문을 많이 하면 선생님의 권위를 해칠까 봐 걱정된다.				
77. CP1	나는 다른 반 친구들이 배울 기회를 빼앗는 것 같아서 선생님의 시간을 많이 빼앗지 않으려고 한다.				
78. CP2	만약 내가 수업시간에 어떤 주제에 대해 토론하고 싶으면, 반 친구들 역시 관심이 있는 것이어야 한다고 생각하다.				
79. CP3	내 질문이 반 친구들의 학습에 도움이 되는지 확신이 없다면 질문하지 않는 것이 낫다.				

• 다음은 사회적 상황에서 경험할 수 있는 생각과 감정에 대한 것입니다.
각 문항들을 주의 깊게 읽고, 자신과 가장 가깝다고 생각되는 번호에 표시(○)하여 주시기 바랍니다.

0 = 전혀 그렇지 않다. 1 = 대체로 그렇지 않다. 2 = 보통이다.
3 = 대체로 그렇다. 4 = 매우 그렇다.

	항 목	전혀 그렇지 않다	대체로 그렇지 않다	보통이다	대체로 그렇다	매우 그렇다
1	나보다 높은 지위에 있는 사람(선생님)과 대화할 때면 긴장된다.	0	1	2	3	4
2	다른 사람들과 눈을 마주치기가 힘들다.	0	1	2	3	4
3	나 자신이나 내 감정에 대해서 말해야 할 때면 긴장된다.	0	1	2	3	4
4	동료들과 편안하게 어울리는 것이 어렵다.	0	1	2	3	4
5	동년배의 친구들을 만드는 것이 쉽다.	0	1	2	3	4
6	길에서 아는 사람을 만나면 긴장된다.	0	1	2	3	4
7	여러 사람들과 어울리는 것이 불편하다.	0	1	2	3	4
8	다른 사람과 단 둘이 있는 상황에서는 긴장된다.	0	1	2	3	4
9	모임에서 사람들을 만나는 것이 편안하다.	0	1	2	3	4
10	다른 사람들과 이야기하는 것이 어렵다.	0	1	2	3	4
11	이야깃거리를 쉽게 생각해낸다.	0	1	2	3	4
12	이상하게 보일까봐 나 자신을 표현하는 것이 걱정된다.	0	1	2	3	4
13	다른 사람의 주장에 반대하기가 어렵다.	0	1	2	3	4
14	매력적인 이성과 이야기하는 것이 어렵다.	0	1	2	3	4
15	사회적 상황에서 무엇을 말해야 할지 몰라 걱정하곤 한다.	0	1	2	3	4
16	잘 알지 못하는 사람들과 어울려야 할 때 불편하다.	0	1	2	3	4
17	대화 도중 부적절한 말을 할 것 같다.	0	1	2	3	4
18	여러 사람들과 어울려 이야기할 때 무시 당할까봐 걱정하곤 한다.	0	1	2	3	4
19	여러 사람들과 어울릴 때 긴장한다.	0	1	2	3	4
20	잘 알지 못하는 사람에게 인사를 해야 할지 망설인다.	0	1	2	3	4

참고문헌

김의주 (2015). Understanding student and teacher interactions in Korean high school science classrooms from a structure and agency dialectic perspective: implications for pedagogy and research. 미출판 석사학위 논문, 서울대학교 대학원, 서울.

김향숙 (2001). 사회공포증 하위 유형의 기억 편향. 미출판 박사학위 논문, 서울대학교 대학원, 서울.

박지선, 산야 마틴, 주혜은 (2015). 혁신 중학교 과학수업 사례를 통해 본 구조가 학생과 교사의 행위성에 미치는 영향: 정책과 실천에 대한 시사점. 한국과학교육학회지, 35(4), 773-790.

유희원, 차현정, 김민석, 함동철, 김희백, 유준희, 박현주, 김찬종, 최승언 (2012). 과학적 모형의 사회적 공동구성 수업에서 나타나는 과학 영재 학생들의 상호작용 역할과 개인의 내적, 관계적 요인 사이의 관련성, 영재교육연구, 22(2), 265-290.

이기석 (2013). 유교적 관점에서 보는 한국 학생들의 영어교실침묵현상. 영어영문학, 18(3), 281-308.

이신영, 박소현, 김희백 (2016). 소집단 노변활동에 대한 협력적 성찰을 통한 중학생들의 소집단 규범과 논변활동 능력 발달 탐색, 한국과학교육학회지, 36(6), 895-910.

최준영, 나지연, 송진웅 (2015). 과학수업에서 나타나는 학생들의 행동적 참여 분석을 위한 영상 분석 도구의 개발. 한국과학교육학회지, 35(2), 247-158.

Ahn, W., Chu, H. E., Martin, S., Chien, Y. T., Jen, C. H., & Chang, C. Y. (2016). Development of an instrument to examine engagement and participation in classroom-science (EPIC-S), Oral Presentation for the East-Asian Association for Science Education (EASE) Conference, Tokyo, Japan, August 26-28, 2016.

Bourdieu, P. (1986). The forms of capital. In J. G. Richardson (Ed.), Handbook of theory and research for the sociology of education (pp. 241-258). New York: Greenwood. DOI: dp/0313235295

Chien, Y. T., Jen, C. H., Martin, S., Chu, H. E., Ahn, W., & Chang, C. Y. (August, 2016). Toward an understanding of students' verbal and non-verbal participatory practices in the science classroom. Oral presentation for the 5th bi-annual meeting of the East-Asian Association for Science Education (EASE), Tokyo, Japan, August 26-28, 2016.

Chien, Y. T., Jen, C. H., Martin, S., Chu, H. E., & Chang, C. Y. (March, 2018). Factors contributing to student participation in science classroom: A survey study. Oral presentation for the annual meeting of the National Association for Research in Science Teaching (NARST), Atlanta, GA, USA, Mar 10-Mar 13, 2018.

Clement, J. (2000). Model based learning as a key research area for science education. International Journal of Science Education, 22(9), 1041-1053.

Goldberger, N. R. (1996). Cultural Imperatives and Diversity in Ways of Knowing. In N. R. Goldberger, J. M. Tarule, B. Clinchy McVicker, & M. F. Belenky (Eds.). Knowledge, difference, and power: Essays inspired by "Women's Ways of Knowing." New York: Basic Books. DOI: 1997-97065-000.

Gonzales, P., Williams, T., Jocelyn, L., Roey, S., Kastberg, D., & Brenwald, S. (2008). Highlights from TIMSS 2007: Mathematics and Science Achievement of US Fourth-and Eighth-Grade Students in an International Context. (NCES 2009-001 Revised). Washington, DC: National Center for Education Statistics, Institute of Education Sciences, U.S. Department of Education. DOI: pubs2009/2009001

Hao, R. N. (2011). Rethinking critical pedagogy: Implications on silence and silent bodies. Text and Performance Quarterly, 31(3), 267-284.

Harris, L. (2011). Secondary teachers' conceptions of student engagement: Engagement in learning or schooling?, Teaching and Teacher Education, 27, 376-386.

Jaworski, A. (1993). The power of silence: Social and pragmatic perspectives (Vol. 1). Sage Publications.

Jen, C. H., Chien, Y. T., Martin, S., Chu, H. E., & Chang, C. Y. (August, 2017). Student Participation and Perception of Social Environment in the Science

Classroom. Oral presentation accepted to the bi-annual meeting of the European Science Education Research Association (ESERA), Dublin, Ireland, August 21-25, 2017.

Jenkins, S. (2000) Cultural and linguistic miscues: a case study of international teaching assistant and academic faculty miscommunication, International Journal of Intercultural Relations, 24, 477-501.

Jones, J. F. (1999). From Silence to Talk: Cross-Cultural Ideas onStudents Participation in Academic Group Discussion. English for specific Purposes, 18(3), 243-259.

Kim, T. (2009) Confucianism, Modernities and Knowledge: China, South Korea and Japan. In R. Cowen, & A. M. Kazamias (Eds.), International Handbook of Comparative Education. Springer International Handbooks of Education, vol 22 (pp. 857-872). Springer, Dordrecht. DOI: 10.1007/978-1-4020-6403-6_55

Lee, J. K. (2006). Educational fever and South Korean higher education. REDIE. Revista Electrónica de Investigación Educativa, 8(1), 1-14.

Martin, M. O., Mullis, I. V. S., Foy, R. (in collaboration with Olson, J. E., Erberber, E. & Galia, J. (2008). TIMSS 2007 international science report: Findings from IEA’s Trends in International Mathematics and Science Study at the fourth and eighth grades. Chestnut Hill: TIMSS & PIRIL International Study Center.

Martin, M. O., Mullis, I. V. S., Foy, P., & Hooper, M. (2016). TIMSS 2015 International Results in Science. Retrieved from Boston College, TIMSS & PIRLS International Study Center. Website: http://timssandpirls.bc.edu /timss2015/international-results/

Martin, S. (2017). Confronting Prevailing Narratives of Student Engagement, In L. Bryan, & K. Tobin, (Eds). 13 Questions: Reframing Education's Conversation, (pp. 125-148). New York: Peter Lang Publishing. DOI: dp/1433127792.

Martin, S., Chu, H. E., Ahn, W., & Park, J. (2015). Exploring how students' and teachers' perceptions of participation and engagement in science classrooms impacts science teaching and learning, Oral Presentation for the East-Asian Association for Science Education (EASE) Conference, Beijing, China, October 16-18, 2015.

Mathews, R. (2000). Cultural patterns of south Asian and southeast Asian Americans. Intervention in School and Clinic, 36(2), 101-104.

Mattick, R. P., & Clarke, J. C. (1989). Development and validation of measures of social phobia scrutiny fear and social interaction anxiety. Behavior Research and therapy, 36, 455-470.

Nakane, I. (2007). Silence in Intercultural Communication: Perceptions and performance. John Benjamins Publishing. DOI: 10.1075/pbns.166.

Ng, J. C., Lee, S. S., & Pak, Y. K. (2007). Chapter 4 contesting the model minority and perpetual foreigner stereotypes: A critical review of literature on Asian Americans in education. Review of research in education, 31(1), 95-130.

OECD (2014), PISA 2012 Results: What Students Know and Can Do - Student Performance in Mathematics. Reading and Science, PISA, OECD Publishing. DOI: 10.1787/9789264201118-en.

OECD (2016), PISA 2015 Results (Volume I): Excellence and Equity in Education, PISA, OECD Publishing. DOI: 10.1787/9789264266490-e

Ollin, R. (2008). Silent pedagogy and rethinking classroom practice: Structuring teaching through silence rather than talk. Cambridge Journal of Education, 38(2), 265-280.

Schultz, K. (2009). Rethinking classroom participation: Listening to silent voices. Teachers College Press. DOI: dp/0807750174

Sewell, W. H. (1992). A theory of structure: Duality, agency, and transformation. American Journal of Sociology, 98, 1-29.

Sewell, W. H. (1999). The concept(s) of culture. In V. E. Bonnell & L. Hunt (Eds.), Beyond the cultural turn: New Directions in the Study of Society and Culture (pp. 35-61). Berkeley, CA: University of California Press.

Simon, S., Erduran, S., & Osborne, J. (2006). Learning to teach argumentation: Research and development in the science classroom. International Journal of Science Education, 28(2-3), 235-260.

Song, J. (2013). The disparity between achievement and engagement in students' science learning: A case of East-Asian regions. In D. Corrigan, R. Gunstone, & A. Jones, (Eds), Valuing Assessment in Science Education: Pedagogy, Curriculum, and Policy, (pp.285-306). Dordrecht, Netherlands: Springer Publishing. DOI: 10.1007/978-94-007-6668-6.

Vygotsky, L. (1978). Interaction between learning and development. Readings on the development of children, 23(3), 34-41.

이 장은 2016년 대한민국 교육부와 한국연구재단의 지원을 받아 수행된 연구임(NRF-2016S1A3A2925401)

찾아보기

기타

교실과 문화

동아시아 과학 교실문화의 이해

저자 · 송진웅, 정용재, 마틴산야
나지연, 장진아, 강다연
발행인 · 조승식
펴낸곳 · (주) 도서출판 북스힐
등 록 · 1998년 7월 28일 제22-457호
주소 · 서울시 강북구 한천로 153길 17
홈페이지 · www.bookshill.com
E-mail · bookshill@bookshill.com
전화 · (02) 994-0071(代)
팩스 · (02) 994-0073

2018년 6월 25일 1판 1쇄 인쇄
2018년 6월 27일 1판 1쇄 발행

값 15,000원
ISBN 979-11-5971-145-9